LE POUVOIR DE L'ASSIETTE

Quand l'alimentation devient
un geste de soin, de vitalité et d'écoute de soi

MATHILDE LACOMBE
Avec la participation de Claire Borwin,
diététicienne-nutritionniste

Photographies : David Japy

LE POUVOIR DE L'ASSIETTE

Quand l'alimentation devient
un geste de soin, de vitalité et d'écoute de soi

MARABOUT

SOMMAIRE

INTRODUCTION

Nous mangeons plusieurs fois par jour, souvent sans trop y penser. Pourtant, chaque bouchée a un impact sur notre corps bien au-delà du simple fait de nous nourrir. Loin d'être un acte anodin, l'alimentation est un levier puissant pour notre santé, notre bien-être et même notre longévité.

Il y a huit ans, j'écrivais mon premier livre, *Une question d'équilibre*, sur la quête de sens entre ma vie d'entrepreneure et mon rôle de maman de trois enfants. Le livre que vous tenez entre les mains aurait pu porter le même titre : il existe un lien profond entre l'équilibre intérieur et ce que nous mettons dans notre assiette. L'alimentation est notre premier soin, le premier dialogue avec notre corps. Depuis l'Antiquité, on sait qu'elle peut soigner autant qu'elle peut nuire. Hippocrate le résumait ainsi : « Que ton aliment soit ta seule médecine. » Aujourd'hui, la science confirme ce que beaucoup savaient intuitivement : notre alimentation influence directement notre inflammation, notre équilibre hormonal, notre niveau d'énergie, la santé de notre peau et même notre vieillissement.

J'ai mis du temps à comprendre cela. J'ai grandi à une époque où l'on parlait peu d'alimentation... mais beaucoup de régimes, de balance et de calories. Longtemps, j'ai associé la nourriture à son seul impact sur le poids. N'ayant pas de souci particulier de ce côté-là, je n'y prêtais pas vraiment attention. Mon frigo d'étudiante était rempli de cordons-bleus, jambon, coquillettes, petits pois-carottes en boîte et yaourts à la grecque. Pendant mes années d'hypokhâgne et khâgne, mon blog de cuisine, *It's delicious*, était mon échappatoire : je cuisinais muffins, cakes et scones entre deux dissertations. Quelques années après, alors stagiaire dans la presse féminine, je découpais les interviews vanity des mannequins. Le seul conseil bien-être récurrent : « Je bois beaucoup d'eau et je commence la journée avec un citron pressé. » L'alimentation, la routine de vie n'étaient presque jamais évoquées. Le corps était vu comme un capital génétique, et la maigreur bien plus valorisée qu'un corps sain.

Ma rencontre avec la nutrition est arrivée plus tard, à travers mes problèmes de peau : une rosacée tenace m'a poussée à chercher d'autres solutions que les cosmétiques. Malgré tous les soins que je testais (et j'en testais beaucoup), ma peau ne s'améliorait pas. C'est en rencontrant des experts en nutrition que j'ai entendu parler pour la première fois de barrière intestinale, de microbiote, de peau et d'inflammation. Une révélation. Je me suis demandé pourquoi personne ne m'en avait parlé plus tôt. Pourquoi on me prescrivait des antibiotiques sans jamais me poser une seule question sur mon assiette.

Nous sommes en 2016. Je viens d'accoucher de mon troisième enfant, je découvre mes intolérances alimentaires, je me mets à bouger davantage, à me supplémenter, à me connecter à mon corps autrement. Ce chemin personnel m'a amenée à créer AIME en 2018, avec la conviction que la beauté commence à l'intérieur.

Cette démarche m'a aussi poussée à me former. Je me suis inscrite à l'*Institute for Integrative Nutrition* (IIN) pour structurer mes connaissances et mieux comprendre l'impact de l'alimentation sur la santé globale. Cela m'a permis de faire le tri, de revenir à l'essentiel, et de développer une vision holistique mais concrète du bien-être.

Ce livre n'est donc pas un livre de chef. Je ne suis pas cuisinière de métier, et justement : je suis comme vous. Je cuisine pour mes enfants, pour moi, au quotidien. Ce livre est un outil, une synthèse de ce qui fonctionne chez moi et que j'ai envie de partager. Avec Claire Borwin, une nutritionniste merveilleuse qui m'accompagne depuis plusieurs années, nous avons réuni ici des recettes très simples, accessibles et ancrées dans la vraie vie.

Vous n'y trouverez pas de liste interminable d'ingrédients ni de recettes complexes. Juste l'essentiel : des plats aux propriétés anti-inflammatoires, rassasiants, digestes et pleins de bon sens, pour vous accompagner au quotidien.

Ce livre est là pour vous aider à retrouver confiance en votre corps, en votre assiette, en votre énergie. Il est là pour vous rappeler que mieux manger, ce n'est pas tout changer : c'est commencer par un geste, un plat, une bouchée.

Bienvenue dans *Le Pouvoir de l'assiette*.

Mathilde

PETIT-DÉJEUNER

PAIN SANS GLUTEN EXPRESS

Pour un petit pain de 4-6 parts

J'ai toujours aimé le pain. Vraiment. Ma mère et moi avions un petit rituel le vendredi quand je sortais du collège. Elle venait me chercher pour qu'on aille se balader rien que toutes les deux (quand on est l'aînée de quatre enfants, c'est un temps précieux) et à chaque fois, sur le trajet, on s'arrêtait à la boulangerie pour m'acheter une baguette de pain. C'était mon goûter. Je mangeais quasiment la baguette entière. Je finissais toujours avec le ventre gonflé, mais honnêtement, à 15 ans, la gourmandise l'emportait sur l'inconfort passager. Pendant longtemps, j'ai eu du mal à digérer le pain… jusqu'à ce que je commence à explorer des alternatives sans gluten, plus riches en fibres et mieux tolérées. Ce pain au psyllium, je l'ai mis au point après plusieurs essais, et c'est aujourd'hui celui que je fais le plus souvent à la maison. Il est moelleux à l'intérieur, croustillant à l'extérieur et, surtout, il améliore vraiment la digestion et la santé intestinale. C'est ma façon de réconcilier plaisir et bien-être, et de continuer à savourer le pain chaque jour, sans compromis. Il y a quelque chose de très satisfaisant à faire son pain soi-même… sans parler de l'odeur !

Ingrédients

200 g de farine sans gluten (riz, sarrasin, millet ou un mélange)
50 g de poudre d'amande (ou de fécule de tapioca pour une version plus neutre)
2 c. à soupe de psyllium blond en poudre
1 c. à café de bicarbonate de soude
1 c. à café de sel
250 ml d'eau tiède
2 c. à soupe d'huile d'olive
80 g de graines (lin, tournesol, courge, chia ; optionnel)

- Préchauffer le four à 200 °C et tapisser une plaque de cuisson avec du papier sulfurisé.
- Dans un saladier, mélanger la farine, la poudre d'amande, le psyllium, le bicarbonate et le sel.
- Ajouter l'eau tiède, l'huile d'olive et le vinaigre de cidre. Mélanger rapidement avec une cuillère en bois ou une spatule.
- Si la pâte est trop sèche, ajouter un peu d'eau (1 à 2 c. à soupe) jusqu'à obtenir une consistance souple mais non collante.
- Former une boule ou un pain allongé avec les mains légèrement humides.
- Déposer sur la plaque, saupoudrer de graines si désiré et inciser légèrement le dessus avec un couteau pour éviter qu'il craque à la cuisson.
- Enfourner immédiatement pour 30 à 35 minutes, jusqu'à ce que le pain soit doré et qu'un son creux se fasse entendre en tapotant dessous.
- Laisser tiédir au moins 15 minutes avant de découper.

L'avis de la nutritionniste

Ce pain sans gluten est un véritable support digestif et métabolique. L'ingrédient-clé est le psyllium blond : une fibre gélifiante qui agit comme un prébiotique doux. Il forme un gel dans l'intestin qui ralentit l'absorption des sucres, protège la muqueuse et soutient l'élimination en douceur. Il est aussi utile en cas de syndrome de l'intestin irritable ou de constipation chronique. Les graines de chia ou de lin moulues apportent oméga-3, lignanes et fibres solubles, renforçant la satiété et l'équilibre hormonal. Cette recette pensée pour nourrir sans surcharger constitue une alternative idéale aux pains industriels.

BAGELS
4 INGRÉDIENTS SANS GLUTEN

Pour 4 personnes (environ 4 bagels)

L'été de mon bac, je suis partie pendant deux mois à New York pour être baby-sitter dans une famille américaine. Chaque jour, j'allais faire les courses pour eux dans leur quartier de l'Upper West Side et notamment chez une de leurs adresses favorites : *Zabar's*, les spécialistes du bagel. Ça a été une découverte pour moi et une révélation. Je suis revenue avec une passion pour les bagels (et quelques kilos en plus !). J'aime cette alternative saine aux bagels classiques, idéale pour un mode de vie actif et gourmand. Ces bagels ultra-simples et rapides à préparer sont riches en protéines et en fibres, parfaits pour un petit-déjeuner ou un déjeuner équilibré. Dans cette recette, le yaourt apporte une texture moelleuse et légère sans levure ni temps de repos.

Ingrédients

200 g de yaourt grec nature (brebis ou coco pour une version sans lactose)
200 g de farine sans gluten (sarrasin, riz complet ou mélange spécial pains)
1 c. à soupe de poudre à lever (ou bicarbonate + quelques gouttes de citron)
1 pincée de sel

Optionnel

1 jaune d'œuf ou un peu de lait végétal pour dorer
Graines de sésame, pavot ou chia pour le topping

- Préchauffer le four à 180 °C et tapisser une plaque de cuisson de papier sulfurisé.
- Mélanger le yaourt grec, la farine sans gluten, la poudre à lever et le sel dans un bol jusqu'à obtenir une pâte homogène et légèrement collante.
- Diviser la pâte en 4 portions égales. Rouler chaque portion en boudin puis former un anneau en soudant les extrémités.
- Badigeonner les bagels avec le jaune d'œuf ou du lait végétal et saupoudrer de graines au choix.
- Enfourner pendant 20 à 25 minutes jusqu'à ce qu'ils soient bien dorés et gonflés.
- Laisser refroidir légèrement avant de déguster avec une garniture au choix : avocat, houmous, saumon fumé, fromage frais aux herbes...

L'astuce

Ajouter des épices dans la pâte (cumin, ail en poudre, origan) pour plus de saveur.

PANCAKES PROTÉINÉS COTTAGE CHEESE

Pour environ 8 pancakes

Ces pancakes font partie de mes recettes préférées pour un petit-déjeuner nourrissant mais léger. Je les ai découverts à un moment où je cherchais des alternatives aux pancakes classiques, souvent trop sucrés et peu rassasiants. Grâce au cottage cheese, ils sont riches en protéines, moelleux et très digestes, parfaits pour bien démarrer la journée sans fringale en milieu de matinée. Je les prépare aussi parfois en version salée : c'est une recette simple, polyvalente, et que j'ai toujours plaisir à refaire.

Ingrédients

150 g de cottage cheese
100 g de farine d'avoine (ou farine de sarrasin pour une version sans gluten)
2 œufs
1 c. à café de levure chimique
1/2 c. à café de cannelle (optionnel)
1 c. à soupe de sirop d'érable ou de miel (optionnel)
1 c. à café d'extrait de vanille (optionnel)
50 ml de lait d'amande ou d'eau
1 c. à soupe d'huile de coco pour la cuisson

- Dans un mixeur ou un saladier, mélanger le cottage cheese, les œufs, la farine d'avoine, la levure chimique, la cannelle, la vanille et le sirop d'érable.
- Ajouter progressivement le lait d'amande jusqu'à obtenir une pâte homogène et légèrement épaisse.
- Chauffer une poêle à feu moyen avec un peu d'huile de coco.
- Verser une petite louche de pâte dans la poêle et cuire chaque pancake 2 minutes de chaque côté, jusqu'à ce qu'il soit doré et moelleux.
- Servir chaud avec des fruits frais, un peu de yaourt végétal et un filet de sirop d'érable ou de beurre d'amande.

L'avis de la nutritionniste

Ces pancakes sont parfaits pour un petit-déjeuner équilibré qui booste l'énergie et entretient la masse musculaire. Le cottage cheese, faible en matières grasses mais riche en protéines, favorise la régénération musculaire et la satiété durable. La farine d'avoine, source de fibres et de glucides complexes, aide à maintenir une glycémie stable et une digestion fluide. Un petit-déjeuner nourrissant, léger et gourmand, idéal pour le tonus, la récupération et la beauté de la peau !

PANCAKES EXPRESS À LA BANANE

Pour 6 à 8 petits pancakes

Si comme moi vous avez toujours des bananes un peu trop mûres dont vous ne savez pas quoi faire, ces pancakes sont la solution parfaite. C'est la première recette de pancakes « sains » que j'ai testée, et elle reste un incontournable dans ma cuisine. J'aime sa simplicité absolue : une banane, des œufs, une poêle... et en quelques minutes, on a un petit-déjeuner ou un goûter moelleux, naturellement sucré et nourrissant. C'est aussi une recette que je fais souvent pour ma fille – elle adore les manger tièdes avec un peu de purée d'amande ou de fruits frais. C'est un basique que je recommande à tous ceux qui veulent se faire plaisir sans sucre raffiné, sans farine, et avec des ingrédients du placard.

- Écraser les bananes dans un bol jusqu'à obtenir une purée lisse. Ajouter les œufs et mélanger jusqu'à obtenir un mélange homogène.
- Incorporer la farine, la levure, le sel et l'extrait de vanille. Mélanger.
- Ajouter le lait végétal si la pâte semble trop épaisse.
- Faire chauffer une poêle avec un peu d'huile de coco ou de ghee.
- Déposer une petite louche de pâte dans la poêle et cuire chaque pancake 1 à 2 minutes de chaque côté, jusqu'à ce qu'il soit doré.
- Servir chaud avec un topping au choix : fruits frais, beurre d'amande, miel, yaourt nature ou quelques noix concassées.

Ingrédients

2 bananes bien mûres
2 œufs
100 g de farine d'amande (ou sarrasin, avoine...)
1 c. à café de levure chimique
1 pincée de sel
1 c. à café d'extrait de vanille (optionnel)
1 c. à soupe de lait d'amande (ou autre lait végétal, si besoin pour ajuster la texture)
Huile de coco ou ghee pour la cuisson

L'astuce

Ajouter une pincée de cannelle ou des pépites de chocolat noir dans la pâte pour encore plus de gourmandise !

BOL DE YAOURT DE COCO, MYRTILLES ET CANNELLE

Pour 1 bol

Ce bol c'est mon petit-déjeuner quotidien. Il fait partie de ces recettes que je prépare sans y penser, mais qui font vraiment du bien. Le yaourt de coco apporte du crémeux et de bons gras, les myrtilles sont riches en antioxydants, et la cannelle soutient naturellement la glycémie. C'est un petit-déjeuner que je fais souvent les matins où je suis pressée, et qui coche toutes les cases : rapide, nourrissant, digeste et joli dans l'assiette. Il résume parfaitement ce que je cherche à transmettre dans ce livre : prendre soin de soi sans jamais compliquer les choses.

Ingrédients

150 à 200 g de yaourt de coco nature (sans sucre ajouté, j'achète celui de la marque Abbot Kinney's) ou de yaourt à la grecque pour plus de protéines
1 poignée de myrtilles fraîches ou surgelées
1/2 c. à café de cannelle en poudre
1 c. à soupe de graines de lin moulues ou de graines de chia
1 c. à soupe de granola maison ou de noix concassées
1 c. à café de purée de sésame
1 dose de poudre protéinée si vous optez pour le yaourt de coco

- Verser le yaourt de coco dans un bol.
- Ajouter la poudre protéinée (optionnel).
- Ajouter les myrtilles, la cannelle et les graines de lin.
- Saupoudrer de granola ou de noix pour le croquant.
- Ajouter la purée de sésame.
- Déguster immédiatement ou laisser reposer 30 minutes si on utilise des graines de chia pour plus d'onctuosité.

YAOURT À LA GRECQUE, BANANE ET POLLEN

Pour 4 personnes

Lorsque nous avons lancé AIME, nous n'avions pas de bureaux et le café Hoxton est vite devenu notre lieu de travail et rendez-vous favori. C'est là que nous avons fait passer nos premiers entretiens, rencontré des personnes-clés pour notre développement, bref, je suis attachée à cet endroit. J'aime l'ambiance et la simplicité de cette chaîne. Cette recette me rappelle les petits-déjeuners que j'y prenais. Lorsqu'il était à la carte, je commandais toujours un bowl yaourt de coco, avec de la banane, du beurre de cacahuètes et une touche de pollen. C'était simple, mais incroyablement satisfaisant. J'ai eu envie de le refaire à la maison dans une version protéinée, parfaite pour bien démarrer la journée.

Ingrédients

500 g de yaourt à la grecque (ou yaourt de coco épais pour une version sans lactose)
2 bananes mûres mais fermes
4 c. à café de beurre de cacahuète 100 %
2 c. à soupe de pollen frais ou sec (en magasin bio)
2 c. à soupe de baies de goji
1 poignée de noix concassées ou de granola maison pour le croquant

- Répartir le yaourt dans 4 bols ou verrines.
- Couper les bananes en rondelles et les déposer joliment sur le dessus.
- Ajouter une cuillère de beurre de cacahuète par bol.
- Saupoudrer de pollen, de baies de goji et de noix ou de granola.

L'avis de la nutritionniste

Ce bol est un mélange parfait entre plaisir et nutrition, idéal pour bien démarrer la journée. Le yaourt à la grecque, riche en protéines et en probiotiques, favorise une digestion saine et un microbiome équilibré, essentiels à l'éclat de la peau. La banane, source de potassium et de prébiotiques naturels, fournit hydratation et énergie. Le beurre de cacahuète apporte des bons gras qui nourrissent la barrière cutanée, tandis que le pollen, véritable super-aliment, regorge d'enzymes, d'acides aminés et d'antioxydants qui boostent l'immunité et la régénération cellulaire.

PORRIDGE DU MATIN AU QUINOA

Pour 4 bols

Lorsque nous allons en Angleterre en famille, ma fille commande toujours un porridge le matin. J'adore l'idée de ce petit-déjeuner chaud et réconfortant... mais personnellement, je le trouve souvent trop sucré, trop lourd. Il est généralement préparé avec de l'avoine et du lait, ce qui ne me convient pas toujours. J'ai donc imaginé une version plus légère et plus digeste, à base de quinoa, naturellement riche en protéines, fibres et minéraux. Ce porridge est idéal pour tenir toute la matinée sans fringale. J'y ajoute des fruits frais, un peu de purée d'oléagineux, et le tour est joué. Simple, chaud, complet.

Ingrédients

200 g de quinoa (blanc ou mixte)
500 ml de lait d'amande, de pois ou de coco
200 ml d'eau
1 c. à soupe de graines de chia
1 c. à café d'extrait de vanille
1 c. à café de cannelle (optionnel)
1 c. à soupe de sirop d'érable ou de miel (optionnel)
1 poignée de fruits frais (banane, myrtilles, framboises...)
1 poignée d'amandes effilées ou de noix concassées
1 c. à soupe de graines de chanvre ou de graines de tournesol

- Rincer le quinoa sous l'eau froide pour enlever son amertume. Le cuire dans 500 ml de lait végétal + 200 ml d'eau à feu doux pendant 12 à 15 minutes, en remuant régulièrement.
- Une fois le quinoa tendre et le liquide absorbé, ajouter les graines de chia, la vanille, la cannelle et le sirop d'érable. Bien mélanger et laisser épaissir 5 minutes.
- Répartir dans des bols et garnir de fruits frais, d'amandes effilées et de graines. Déguster chaud ou tiède, avec un filet supplémentaire de lait végétal pour une texture encore plus crémeuse.

L'avis de la nutritionniste

Ce porridge à base de quinoa est une alternative parfaite au porridge classique à l'avoine, tout en étant riche en protéines complètes et en fibres. Le quinoa contient tous les acides aminés essentiels favorisant la régénération musculaire et une énergie stable tout au long de la matinée. Associé au lait végétal, aux fruits et aux graines, il améliore la digestion, le microbiome intestinal et la santé de la peau. Un petit-déjeuner rassasiant, léger et ultra-nourrissant !

GRANOLA SANS GLUTEN

400 à 450 g de granola

Quand j'étais plus jeune, mon petit-déjeuner adoré était un yaourt industriel, avec un granola bien sucré et un verre de jus multivitamines. Autant dire une bombe glycémique, très sucrée, ultra-transformée et peu nourrissante. Aujourd'hui, j'ai trouvé une alternative maison qui me permet de retrouver le plaisir de la texture ultra-crunchy du granola, mais avec des ingrédients simples, sans gluten, riches en bons gras et en fibres. Ce granola est devenu un indispensable dans ma cuisine : je le prépare en grande quantité, je le conserve dans un bocal et je le mange avec un yaourt végétal, un chia pudding ou des fruits frais. Il est gourmand, croquant et vraiment bon pour le corps. Sans parler de l'odeur à tomber quand vous le faites cuire ! Vous pouvez aussi le préparer en version salée en supprimant le sirop d'érable et en remplaçant la cannelle par du curry ou du curcuma par exemple. C'est très bon parsemé sur une soupe !

Ingrédients

200 g de flocons de sarrasin ou de quinoa (sans gluten)
80 g de noix de cajou ou d'amandes grossièrement concassées
40 g de graines de tournesol
40 g de graines de courge
2 c. à soupe de graines de chia ou de lin
2 c. à soupe d'huile de coco fondue
3 c. à soupe de sirop d'érable
1 c. à café de cannelle
1 pincée de sel
40 g de pépites de chocolat noir ou de fruits secs (ajoutés après cuisson, optionnel)

- Préchauffer le four à 160 °C.
- Dans un grand saladier, mélanger les flocons, les noix, les graines, la cannelle et le sel.
- Ajouter l'huile de coco fondue et le sirop d'érable. Mélanger soigneusement pour bien enrober tous les ingrédients.
- Étaler le mélange en une couche uniforme sur une plaque recouverte de papier cuisson.
- Enfourner pendant 25 à 30 minutes en remuant à mi-cuisson, jusqu'à ce que le granola soit bien doré.
- Laisser refroidir complètement pour qu'il devienne croustillant. Ajouter les pépites de chocolat ou les fruits secs si souhaité.
- Conserver dans un bocal hermétique à température ambiante pendant une semaine.

L'avis de la nutritionniste

Ce granola maison est une excellente alternative aux céréales industrielles souvent trop sucrées et pauvres en nutriments. Riche en fibres, en bons gras et en protéines végétales, il favorise une digestion fluide, une énergie stable et un microbiome équilibré. Les graines et oléagineux sont bénéfiques pour la santé hormonale, la peau et le cerveau, tandis que le sirop d'érable et la cannelle apportent une touche naturellement sucrée sans pic glycémique. Parfait pour un petit-déjeuner ou un snack nourrissant, croustillant et équilibré.

CHIA PUDDING MATCHA ET FRAMBOISES

Pour 4 verrines

Ce chia pudding est devenu l'un de mes petits-déjeuners préférés quand j'ai envie de fraîcheur, de légèreté et d'un petit coup de boost naturel. Le matcha apporte une énergie douce, sans nervosité, tout en étant riche en antioxydants. Associé aux framboises acidulées et aux graines de chia, il forme un mélange à la fois équilibré, nourrissant et ultra-bénéfique pour la peau. J'aime le préparer la veille, le laisser infuser tranquillement, et le déguster le matin avec quelques toppings en plus. Cela permet aux graines de chia de bien gonfler, et à moi de profiter de tous leurs bienfaits !

Ingrédients

40 g (4 c. à soupe) de graines de chia
500 ml de lait d'amande ou de coco
1 c. à café de matcha en poudre
1 c. à soupe de sirop d'érable ou miel (optionnel)
1 c. à café d'extrait de vanille (optionnel)
100 g de framboises fraîches ou surgelées
1 c. à soupe de copeaux de noix de coco ou d'amandes effilées

• Dans un bol, mélanger le lait végétal avec le matcha en fouettant bien pour éviter les grumeaux.
• Ajouter les graines de chia, le sirop d'érable et la vanille, puis bien mélanger.
• Laisser reposer 5 minutes, puis remuer à nouveau pour éviter que les graines collent entre elles.
• Couvrir et placer au réfrigérateur pendant au moins 2 heures (ou toute la nuit pour une texture parfaite).
• Mélanger une dernière fois et répartir dans 4 verrines.
• Ajouter les framboises et parsemer de copeaux de noix de coco ou d'amandes effilées.

CHIA PUDDING COCO, CANNELLE ET MYRTILLES

Pour 4 verrines

Ce chia pudding est une recette simple et complète qui améliore à la fois la digestion, l'énergie mentale et l'éclat de la peau. Les graines de chia, riches en fibres, oméga-3 et protéines végétales, favorisent un bon transit et nourrissent le microbiome intestinal. Le lait de coco contient des acides gras à chaîne moyenne, qui apportent vitalité et satiété. La cannelle régule la glycémie et lutte contre l'inflammation, tandis que les myrtilles, riches en antioxydants, protègent les cellules du stress oxydatif. Un petit-déjeuner ou un dessert à la fois doux, nourrissant et équilibrant.

Ingrédients

40 g (4 c. à soupe) de graines de chia
400 ml de lait de coco léger ou d'amande
1 c. à café de cannelle
1 c. à soupe de sirop d'érable (optionnel)
1 c. à café d'extrait de vanille
100 g de myrtilles fraîches ou surgelées
1 c. à soupe de copeaux de noix de coco

- Dans un grand bol, mélanger le lait de coco, la cannelle, la vanille et le sirop d'érable.
- Ajouter les graines de chia et bien fouetter pour éviter les grumeaux.
- Laisser reposer 5 minutes, puis mélanger à nouveau.
- Répartir dans 4 verrines et placer au frais au moins 2 heures (ou toute la nuit).
- Au moment de servir, garnir de myrtilles et de copeaux de coco.

CHIA PUDDING PROTÉINÉ ET RICHE EN FIBRES

Pour 2 personnes

Le chia pudding fait partie de mes essentiels : je le prépare en deux minutes la veille, je le mets au frais, et le matin, je n'ai plus qu'à ajouter quelques toppings. C'est prêt ! J'aime son côté à la fois pratique, nourrissant et personnalisable. Il est riche en protéines végétales, fibres, oméga-3 et minéraux essentiels, ce qui en fait un vrai allié pour la satiété, l'énergie mentale et la santé de la peau. C'est le genre de petit-déjeuner (ou snack) qui m'aide à tenir sans fringale et qui coche toutes les cases du bien-être, sans jamais être ennuyeux. Mes enfants aiment ça aussi, surtout quand je l'accompagne d'un granola maison croustillant, de fruits frais ou d'un peu de purée d'oléagineux. C'est simple, bon et toujours réconfortant.

Ingrédients

Base du chia pudding

4 c. à soupe de graines de chia
300 ml de lait végétal sans sucre (amande, coco, cajou ou avoine)
1 dose de protéines en poudre végétales (vanille ou nature, env. 20 g, optionnel) ou animal
1 c. à café de sirop d'érable ou miel (optionnel)
1 c. à café d'extrait de vanille
1 pincée de cannelle (optionnel)

Topping riche en fibre et nutriments

1/2 banane (coupée en rondelles)
1 poignée de baies (myrtilles, framboises, fraises...)
1 c. à soupe de graines de courge ou de noix concassées
1 c. à soupe de granola sans gluten (optionnel, pour le croquant)
1 c. à soupe de beurre d'amande ou de cacahuète

- Mélanger les graines de chia avec le lait végétal, les protéines en poudre, la vanille et la cannelle. Ajouter du sirop d'érable ou du miel pour un goût plus sucré.
- Laisser reposer 5 minutes, puis remuer pour éviter que les graines collent. Couvrir et placer au réfrigérateur au moins 2 heures (ou toute la nuit pour une texture parfaite).
- Répartir le pudding dans deux bols ou verrines.
- Ajouter le granola, les rondelles de banane, les baies, les graines de courge ou les noix.
- Arroser d'un filet de beurre d'amande ou de cacahuète.

L'avis de la nutritionniste

Le chia pudding est une excellente option pour un petit-déjeuner ou une collation à index glycémique bas. Il est particulièrement intéressant pour stabiliser la glycémie, éviter les fringales et booster l'énergie mentale. Les graines de chia sont riches en fibres solubles, ce qui favorise un bon transit intestinal et nourrit le microbiome. Leur teneur en oméga-3 d'origine végétale en fait un atout anti-inflammatoire quotidien, idéal pour la santé hormonale, cardiovasculaire et cutanée. Associé à un lait végétal enrichi ou à un topping protéiné, ce pudding devient un vrai repas complet, équilibré et digeste.

TOASTS COTTAGE CHEESE, AVOCAT ET MIEL

Pour 4 toasts

C'est une association que j'ai découverte dans un restaurant à Londres et que je refais régulièrement quand j'ai envie de quelque chose de rapide, nourrissant et un peu réconfortant. Depuis, c'est devenu un de mes toasts préférés. J'adore le contraste entre le cottage cheese crémeux, l'avocat fondant, et la touche sucrée du miel, qui vient équilibrer le tout. Servi avec un peu de roquette et des micro-pousses, c'est un petit-déjeuner ou un déjeuner express qui coche toutes les cases : protéines, bons gras, fibres, plaisir. Et surtout, il me donne de l'énergie sans jamais me plomber.

- Écraser l'avocat avec le jus de citron, le sel et le poivre pour obtenir une texture légèrement crémeuse.
- Faire griller les tranches de pain pour les rendre croustillantes.
- Étaler une couche généreuse de cottage cheese sur chaque toast.
- Ajouter l'écrasé d'avocat par-dessus.
- Arroser d'un filet de miel et parsemer de graines et de micro-pousses.
- Servir immédiatement et savourer.

Ingrédients

4 tranches de pain complet ou sans gluten
200 g de cottage cheese
1 avocat mûr
1 c. à soupe de jus de citron
1 c. à soupe de miel brut
1 pincée de sel et de poivre
1 poignée de graines de sésame ou de tournesol (optionnel)
1 poignée de micro-pousses ou de feuilles de basilic pour la présentation

REVENIR AU CORPS : COMPRENDRE, ÉCOUTER, NOURRIR

Depuis l'enfance, on nous apprend à réciter, à calculer, à raisonner. Mais on ne nous apprend pas à habiter notre corps. On ne nous enseigne pas à comprendre nos sensations, à identifier ce qui nous fait du bien, ce qui nous irrite, ce qui nous nourrit vraiment. À l'école, la nutrition est quasi absente du programme, et même les étudiants en médecine – ceux qui sont censés nous soigner – n'y consacrent que quelques heures dans tout leur cursus.

Résultat : nous grandissons coupés de notre intelligence corporelle, de notre digestion, de notre énergie, de notre rythme naturel. On nous apprend à nous méfier de nos sensations (la faim, les envies, le plaisir), à les contrôler, à les taire. Mais pas à les écouter.

Et pourtant, le corps sait. Il parle en permanence. Encore faut-il savoir l'entendre.

> L'adage d'Hippocrate, « Que ton aliment soit ton médicament », prend aujourd'hui tout son sens.

La science a montré que nos choix alimentaires modulent notre microbiome intestinal, régulent nos hormones et déterminent notre niveau d'inflammation. Une alimentation riche en fibres, protéines, en antioxydants et en bons acides gras peut prévenir de nombreuses maladies chroniques telles que le diabète ou des maladies cardiovasculaires. À l'inverse, une alimentation ultra-transformée, trop riche en sucres raffinés et en mauvaises graisses, favorise les inflammations chroniques, accélère le vieillissement cellulaire et génère un déséquilibre métabolique.

Je suis convaincue que l'alimentation est notre premier geste de soin quotidien. Pas un calcul nutritionnel, ni une tendance à suivre, mais un outil vivant, accessible, puissant, à réapprendre à connaître. **Elle peut devenir notre première alliée, notre partenaire de longévité, d'équilibre hormonal, d'énergie stable et de beauté naturelle.**

Écouter son corps : l'intelligence commence par l'attention

Bien vieillir ne commence pas par une crème ou un complément miracle. C'est notre mantra chez AIME, ce que nous essayons de faire comprendre à nos clients. Cela commence par recréer un lien avec son corps, ses besoins réels, ses signaux subtils. Faim, satiété, niveau d'énergie, humeur, digestion, qualité du sommeil, état de la peau : tous ces indicateurs sont là, chaque jour, pour nous guider.

Mais on les ignore. On mange parce que c'est l'heure, on enchaîne les journées sans pause, on masque les signaux avec du café, du sucre ou des anti-inflammatoires. Pourtant, le corps est notre meilleur baromètre santé. Il suffit d'apprendre à l'écouter. Écouter son corps, ce n'est pas être dans une écoute obsessionnelle ou rigide. C'est développer une attention douce et curieuse.

> De quoi ai-je besoin aujourd'hui ? Est-ce que j'ai faim ou je suis juste stressée ? Quel aliment me fait du bien, me donne de l'énergie durablement ? Et qu'est-ce qui me vide, me ralentit, m'irrite ?

Les réponses sont là, en nous. Il ne s'agit pas de suivre un protocole parfait, mais d'ajuster, au jour le jour, avec souplesse et lucidité. Notre corps n'a pas les mêmes besoins chaque jour, chaque saison, chaque phase hormonale. C'est cette écoute fine, réactualisée en permanence, qui permet de construire une alimentation réellement adaptée à soi.

Le conseil

Tenir un carnet d'observation pendant quelques semaines (alimentation, énergie, digestion, humeur, sommeil) permet de prendre conscience de ses rythmes et de faire des liens simples, sans culpabilité. Personnellement, j'ai investi dans une bague connectée Oura ring, qui m'aide à suivre plusieurs de ces indicateurs.

Rien n'est figé : notre corps n'est pas programmé pour souffrir

Pendant longtemps, on a cru que notre santé était avant tout une question de génétique. Qu'un métabolisme lent, une tendance aux réactions inflammatoires, des problèmes hormonaux ou de peau, ou même certaines maladies chroniques étaient inscrits dans nos gènes, inévitables. Comme si le destin biologique était scellé à la naissance. Mais aujourd'hui, la science nous montre l'inverse.

Ce qui compte, bien plus que nos gènes, c'est la façon dont ils s'expriment. Et cette expression est influencée par notre environnement, notre hygiène de vie, notre alimentation, notre niveau de stress, notre sommeil, notre mouvement. C'est ce que l'on appelle l'épigénétique.

> En d'autres termes : vous n'êtes pas prisonnier de votre hérédité.

Oui, nous héritons d'un terrain. Mais c'est le mode de vie que nous construisons chaque jour qui détermine si ce terrain devient un terreau fertile ou un terrain inflammatoire. Nous avons un pouvoir immense sur la manière dont notre corps vieillit, régule, digère, s'adapte et rayonne. Dans son livre *Younger*, le Dr Sara Gottfried souligne que 90 % des signes du vieillissement et des maladies sont dus aux choix de vie, tandis que seulement 10 % sont attribuables à la génétique. Cela signifie que nos habitudes quotidiennes, telles que l'alimentation, l'exercice et la gestion du stress, jouent un rôle prépondérant dans notre processus de vieillissement. Cette lecture a été une révélation pour moi.

Et c'est cette vision que je veux transmettre ici : reprendre le pouvoir sur notre santé, en commençant par ce que nous maîtrisons tous les jours – notre assiette, nos routines, nos microdécisions quotidiennes.

SUR LE POUCE

WRAPS DE LENTILLES CORAIL ET ÉPINARDS

Pour 4 personnes (environ 6 wraps)

J'ai imaginé cette recette un jour où j'avais envie de wraps, mais sans pain classique ni galette industrielle. Ces galettes à base de lentilles corail ont été une révélation : simples, riches en protéines végétales et très digestes. Je les garnis souvent d'épinards, d'herbes fraîches, d'un peu de houmous ou de légumes grillés, pour un repas complet et coloré. C'est une recette modulable, nourrissante et ultra-saine. Et surtout, elle me permet de varier mes bases tout en gardant un vrai plaisir à table.

Ingrédients

Pour les wraps (pâte à base de lentilles corail)

200 g de lentilles corail
400 ml d'eau
1 pincée de sel
1 c. à soupe d'huile d'olive (optionnel)

Pour la garniture

2 poignées d'épinards frais
1 avocat
1/2 concombre
1 carotte râpée
1 filet de citron
Sel, poivre

Pour la sauce yaourt-tahini

2 c. à soupe de yaourt végétal nature (ou de cottage cheese)
1 c. à café de tahini
1 c. à café de jus de citron
Sel, poivre

- Faire tremper les lentilles corail dans l'eau pendant au moins 3 heures (ou toute une nuit).
- Égoutter partiellement (garder un peu d'eau) puis mixer avec une pincée de sel jusqu'à obtention d'une pâte lisse et fluide (comme une pâte à crêpe épaisse).
- Chauffer une poêle antiadhésive légèrement huilée. Verser une louche de pâte et l'étaler finement comme une crêpe.
- Cuire 2 à 3 minutes de chaque côté à feu moyen. Répéter jusqu'à épuisement de la pâte.
- Préparer la garniture : émincer les légumes, écraser l'avocat avec un peu de citron, du sel et du poivre.
- Mélanger les ingrédients de la sauce.
- Garnir chaque wrap d'épinards, avocat, carottes, concombre et sauce. Rouler et servir.

L'avis de la nutritionniste

Ces wraps à base de lentilles corail mixées sont riches en protéines végétales, fibres et minéraux, parfaits pour remplacer les galettes industrielles. Ils sont satiétogènes, faciles à digérer, et ils apportent une belle énergie sans pic glycémique. Garnis d'épinards et d'une sauce légère, ils constituent un repas complet, équilibré et très digeste.

WRAPS DE SALADE AU THON

Pour 2 wraps

C'est une recette que je fais souvent quand j'ai envie d'un déjeuner léger, rapide et frais, sans galette ni pain. J'utilise de grandes feuilles de laitue croquante comme base, que je garnis de thon, d'avocat, de crudités et d'herbes fraîches. C'est simple, efficace, et ça change des wraps classiques. J'aime le fait que ce soit à la fois riche en protéines, pauvre en glucides, et très digeste. Parfait pour les journées d'été ou les envies de repas « clean » sans renoncer au goût.

Ingrédients

1 boîte de thon au naturel (env. 140 g égoutté)
1 petit avocat
1 c. à soupe de yaourt végétal nature (ou de houmous)
1 c. à café de moutarde douce
1 filet de jus de citron
Sel, poivre
Quelques feuilles de romaine ou sucrine bien larges
Topping : concombre en bâtonnets, carottes râpées, herbes fraîches (persil, coriandre), graines

- Égoutter le thon et l'écraser dans un bol.
- Ajouter l'avocat écrasé, le yaourt végétal, la moutarde, le jus de citron, le sel et le poivre. Bien mélanger pour obtenir une texture facile à tartiner.
- Laver et sécher les feuilles de salade.
- Déposer une cuillère de préparation au centre de chaque feuille. Ajouter quelques légumes croquants ou herbes fraîches.
- Rouler délicatement les feuilles comme un wrap ou les replier façon taco.
- Servir immédiatement ou maintenir avec un cure-dent si besoin.

POIS CHICHES CRUNCHY

Pour 4 personnes

C'est une de mes astuces préférées pour ajouter du croquant et des protéines végétales à mes salades et soupes, ou pour remplacer les classiques biscuits apéro. Ces pois chiches rôtis, je les prépare en grande quantité, avec des épices selon l'humeur, et je les conserve dans un bocal. J'adore leur texture croustillante, leur côté ultra-simple et nourrissant, et le fait qu'ils plaisent à tout le monde. C'est le genre de petit plus qui transforme une assiette ou une pause en moment de plaisir sain et malin.

Ingrédients

1 boîte de pois chiches (250 g égouttés)
1 c. à soupe d'huile d'olive
1/2 c. à café de paprika fumé
1/2 c. à café de cumin moulu
1 pincée de curcuma
1 pincée de sel
1 pincée de piment doux (optionnel)

• Préchauffer le four à 190 °C.
• Égoutter les pois chiches, les rincer, puis bien les sécher avec un torchon propre.
• Les déposer dans un bol, ajouter l'huile et les épices. Bien enrober.
• Les étaler sur une plaque recouverte de papier cuisson, sans les superposer.
• Enfourner 30 à 40 minutes en remuant à mi-cuisson, jusqu'à ce qu'ils soient bien dorés et croustillants.
• Laisser refroidir pour qu'ils deviennent encore plus croquants.

HOUMOUS DE BETTERAVE ET CRACKERS SANS GLUTEN

Pour 4 personnes

Ce duo coloré est riche en fibres, antioxydants et bons gras. La betterave, source de bétalaïnes, soutient la circulation, la détox hépatique et l'éclat de la peau. Associée aux pois chiches, elle offre un apport complet en protéines végétales. Les crackers sans gluten sont faits à base de farines naturellement riches en nutriments, pour un snack digestible, croustillant et équilibré.

Préparation du houmous

- Mixer tous les ingrédients ensemble jusqu'à obtenir une texture lisse.
- Ajouter un peu d'eau si besoin pour ajuster la consistance.
- Goûter et rectifier l'assaisonnement. Réserver au frais.

Préparation des crackers

- Préchauffer le four à 180 °C.
- Mélanger tous les ingrédients secs dans un bol. Ajouter l'huile et l'eau.
- Former une boule de pâte homogène. Étaler finement entre deux feuilles de papier cuisson.
- Découper en rectangles ou losanges. Enfourner pour 15 à 20 minutes, jusqu'à ce que les crackers soient dorés et croustillants.
- Laisser refroidir avant de décoller.

Ingrédients

Pour le houmous de betterave

1 petite betterave cuite (env. 150 g)
1 boîte de pois chiches (250 g égouttés)
1 c. à soupe de tahini
1 c. à soupe de jus de citron
1 c. à soupe d'huile d'olive
1/2 gousse d'ail
1 pincée de cumin
Sel, poivre

Pour les crackers sans gluten

100 g de farine de sarrasin ou de riz complet
30 g de graines de tournesol ou de courge
2 c. à soupe de graines de chia ou de lin moulues
1 c. à soupe d'huile d'olive
60 ml d'eau
1 pincée de sel + herbes (romarin, thym, origan)

HOUMOUS EXPRESS

Pour 4 personnes

Il y a quasiment toujours du houmous dans notre frigo. Acheté au supermarché ou bien fait maison car c'est encore meilleur ! Cette version express est celle que je prépare les yeux fermés, en quelques minutes avec des ingrédients du placard. Il est crémeux, riche en protéines végétales, en bons gras et en fibres, parfait à tartiner, en dip (avec des bâtons de céleri c'est délicieux !) ou pour compléter un bowl. C'est une recette que j'ai toujours plaisir à refaire, parce qu'elle est à la fois ultra-simple, nourrissante et pleine de goût. Et c'est souvent ce genre de basique que l'on retrouve le plus dans mon assiette au quotidien.

Ingrédients

1 boîte de pois chiches (250 g égouttés)
1 à 2 c. à soupe de tahini (purée de sésame)
1 à 2 c. à soupe de jus de citron
1 gousse d'ail (petite)
2 c. à soupe d'huile d'olive
4 à 5 c. à soupe d'eau (pour ajuster la texture)
1 pincée de zaatar ou de cumin (optionnel)
Sel, poivre

• Mettre tous les ingrédients dans un mixeur ou robot.
• Mixer jusqu'à obtention d'une texture lisse et crémeuse. Ajouter un peu d'eau si besoin.
• Goûter et ajuster l'assaisonnement en sel, citron ou tahini selon vos préférences.
• Servir avec un filet d'huile d'olive, du zaatar ou des graines de sésame pour la finition.

GUACAMOLE EASY

Pour 4 personnes

Comme le houmous, le guacamole est vraiment une recette de dernière minute que je fais tout le temps, avec trois ingrédients et une fourchette. J'adore l'avocat pour sa richesse en bons gras, fibres et antioxydants, et cette version rapide sauve souvent un apéro ou un déjeuner léger. C'est aussi un classique que je prépare pour accompagner un bowl, des crudités ou des tartines. Il est parfait avec les fajitas à la viande hachée (page 157). Les enfants pourraient en manger à la cuillère !

Ingrédients

2 avocats bien mûrs
1/2 oignon rouge finement haché
1/2 gousse d'ail râpée ou pressée
1/2 citron vert
1 petite poignée de coriandre fraîche ciselée
Sel, poivre
1 pincée de piment doux ou quelques dés de tomate (optionnel)

• Écraser les avocats à la fourchette dans un bol jusqu'à obtention de la texture désirée (lisse ou avec morceaux).
• Ajouter l'oignon, l'ail, le jus de citron, la coriandre, le sel, le poivre et mélanger.
• Goûter et ajuster l'assaisonnement si besoin.
• Servir immédiatement ou conserver au frais avec un film au contact pour éviter l'oxydation.

BOUCHÉES PROTÉINÉES ŒUFS ET COTTAGE CHEESE

Pour 4 personnes (environ 8 bouchées)

J'ai découvert cette recette en voyant passer des idées de snacks protéinés sur les réseaux, et j'ai eu envie d'en créer une version plus naturelle, sans poudre (vous pouvez toujours en ajouter pour plus de protéines !), sans sucre raffiné, mais toujours efficace. Ces bouchées sont devenues un de mes en-cas préférés quand j'ai besoin d'un coup de boost dans l'après-midi ou après une séance de sport. Le blanc d'œuf apporte des protéines complètes, et leur texture moelleuse les rend très agréables à manger. C'est une recette que je prépare souvent à l'avance, simple, rapide et rassasiante, parfaite pour soutenir l'énergie sans surcharger la digestion.

Ingrédients

4 œufs
150 g de cottage cheese
1 poignée d'épinards frais hachés
1 petit poivron rouge ou jaune en dés
1 oignon nouveau émincé
1 c. à soupe de farine de pois chiches (ou de sarrasin, optionnel pour la tenue)
Sel, poivre, curcuma ou paprika doux (optionnel)
Huile d'olive pour les moules

- Préchauffer le four à 180 °C.
- Dans un saladier, battre les œufs avec le cottage cheese, le sel, le poivre et les épices.
- Ajouter les légumes et la farine. Bien mélanger.
- Huiler légèrement un moule à muffins (ou utiliser des caissettes en silicone).
- Répartir la préparation dans les empreintes.
- Cuire pendant 20 à 25 minutes, jusqu'à ce que les bouchées soient bien prises et légèrement dorées.
- Laisser tiédir avant de démouler.

L'avis de la nutritionniste

Ces bouchées protéinées sont ultra-légères, riches en protéines et faciles à digérer, parfaites pour un snack post-entraînement, un petit-déjeuner rapide ou une collation saine. Le blanc d'œuf, source de protéines complètes et d'acides aminés essentiels, favorise la récupération musculaire et la satiété sans alourdir. Avec la farine d'avoine et aux graines, ces bouchées apportent des fibres, des bons glucides et des nutriments essentiels pour la peau et l'énergie. Un en-cas rapide, moelleux et gourmand, sans culpabilité !

GALETTES POIS CHICHES, CAROTTES ET CORIANDRE

Pour 4 personnes (environ 8 petites galettes)

Ces galettes font partie de mes recettes « tout-terrain » : rapides à préparer, économiques, et toujours appréciées, même par ceux qui ne mangent pas végétarien. J'adore la douceur des carottes râpées, le côté nourrissant des pois chiches, et la fraîcheur de la coriandre qui vient relever le tout. Elles se tiennent bien, se réchauffent facilement, et se glissent dans une assiette avec une salade, un bowl ou un wrap maison. C'est une recette simple, végétale et rassasiante, parfaite pour les soirs de semaine ou les repas sans prise de tête, mais toujours avec du goût.

Ingrédients

1 boîte de pois chiches (250 g égouttés)
2 carottes râpées
1 petit oignon rouge
1 gousse d'ail
1 œuf (ou 1 c. à soupe de graines de lin moulues + 3 c. à soupe d'eau pour une version vegan)
2 c. à soupe de farine de pois chiches ou de riz
1 c. à café de cumin moulu
1 poignée de coriandre fraîche ciselée
Sel, poivre
Huile d'olive pour la cuisson

- Écraser les pois chiches à la fourchette ou les mixer grossièrement.
- Ajouter les carottes râpées, l'oignon et l'ail finement hachés, l'œuf, les épices, la coriandre et la farine.
- Saler, poivrer, bien mélanger pour former une pâte souple mais compacte.
- Former 8 petites galettes avec les mains.
- Faire chauffer un filet d'huile d'olive dans une poêle. Cuire les galettes 3 à 4 minutes de chaque côté jusqu'à ce qu'elles soient dorées et croustillantes.
- Servir chaud ou tiède avec une sauce yaourt citronnée ou une salade verte.

L'avis de la nutritionniste

Ces galettes riches en fibres, en protéines végétales et en antioxydants, sont parfaites pour améliorer la digestion, la satiété et l'équilibre glycémique. Les pois chiches apportent des acides aminés essentiels et du magnésium, tandis que la carotte, riche en bêta-carotène, favorise l'éclat du teint et la santé cellulaire. La coriandre fraîche, aux propriétés digestives et détoxifiantes, ajoute fraîcheur et légèreté. Une recette simple, nourrissante et ultra-digeste.

CAKE LENTILLES CORAIL, ÉPINARDS ET FETA

Pour 4 à 6 personnes

Il y a une vingtaine d'années, ma mère avait un livre qui s'appelait *Les Cakes de Sophie*. Un best-seller culinaire de l'époque. Je me souviens avoir feuilleté ce livre et fait quasiment l'intégralité des recettes. J'adore les cakes. C'est hyper pratique pour un déjeuner. Cette version salée un peu revisitée est une source complète de protéines végétales, de fibres et d'antioxydants, idéale pour un repas nourrissant sans alourdir la digestion. Les lentilles corail, riches en fer, en acides aminés et faciles à digérer, apportent énergie et satiété et donnent une texture moelleuse. Il se conserve bien, se transporte facilement, et s'accompagne d'une simple salade.

• Rincer les lentilles corail et les cuire 10 minutes dans deux fois leur volume d'eau. Égoutter et laisser tiédir.
• Préchauffer le four à 180 °C.
• Faire revenir l'oignon dans un peu d'huile d'olive. Ajouter les épinards et les faire tomber rapidement.
• Dans un saladier, battre les œufs, ajouter les lentilles, les légumes cuits, les épices, la farine, la levure, du sel et du poivre.
• Incorporer la feta. Mélanger sans trop insister.
• Verser dans un moule à cake huilé ou chemisé.
• Enfourner pour 35 à 40 minutes, jusqu'à ce que le cake soit bien doré et ferme.
• Laisser tiédir avant de trancher.

Ingrédients
150 g de lentilles corail
3 œufs
1 oignon émincé
2 poignées d'épinards frais
80 g de feta émiettée (ou feta végétale émiettée ou tofu fumé en dés)
2 c. à soupe de farine de sarrasin ou de pois chiches
1 c. à café de poudre à lever
1 c. à café de cumin moulu
1 pincée de curcuma
Sel, poivre
Huile d'olive

SANDWICH TUNACADO MAISON

Pour 4 personnes

J'ai découvert le tunacado dans une chaîne londonienne, et j'en suis vite devenue accro. Ce mélange de thon, d'avocat, de pain croustillant et de sauce relevée est à la fois simple, efficace et tellement satisfaisant. J'ai eu envie d'en créer une version maison, sans gluten, plus équilibrée, que je peux refaire facilement au déjeuner ou même emporter. C'est le genre de recette qui me rappelle que les choses les plus simples peuvent être les plus addictives – surtout quand elles sont bien pensées, bonnes pour le corps et ultra-savoureuses.

Ingrédients

Pour le sandwich

8 tranches de pain sans gluten (voir page 15)
1 boîte de thon au naturel (env. 140 g égoutté)
1 avocat mûr
1 petit concombre
1 poignée de jeunes pousses (épinards, roquette ou cresson)
Sel, poivre

Pour la sauce (inspirée de la version originale)

2 c. à soupe de cottage cheese
1 c. à café de moutarde douce (optionnel)
1 c. à café de jus de citron
1 c. à café d'huile d'olive
1 pincée de paprika fumé (optionnel)
Sel, poivre

- Dans un bol, écraser l'avocat avec un peu de sel, de poivre et un filet de citron.
- Égoutter le thon et l'écraser légèrement à la fourchette.
- Préparer la sauce en mélangeant tous les ingrédients. Ajouter la moitié au thon et bien mélanger.
- Couper le concombre en fines tranches.
- Faire griller légèrement le pain sans gluten si souhaité.
- Sur une tranche de pain, tartiner une couche d'avocat, ajouter le mélange thon-sauce, quelques tranches de concombre et les pousses vertes. Refermer avec une autre tranche.
- Presser légèrement et couper en deux. Répéter pour les autres portions.

ROULEAUX DE PRINTEMPS AU POULET ET LÉGUMES CROQUANTS

Pour 4 personnes

Un peu comme avec les fajitas, j'aime bien cette recette parce que chacun peut composer son rouleau à sa façon, et c'est toujours un moment convivial. Personnellement j'aime y glisser du poulet mariné, des légumes crus, des herbes fraîches et une bonne sauce maison, le tout dans une version légère, sans friture. C'est une manière simple de manger équilibré, vivant et gourmand, tout en favorisant la digestion, l'hydratation et la vitalité. Et c'est un plat que mes enfants adorent rouler eux-mêmes à table !

Ingrédients

8 feuilles de riz
2 filets de poulet bio
1 carotte
1 concombre
1/2 poivron rouge
1/2 avocat
8 feuilles de laitue ou de sucrine
1 poignée de germes de radis ou de soja
1 poignée de menthe fraîche
1 poignée de coriandre fraîche
1 c. à soupe de graines de sésame

Pour la sauce

2 c. à soupe de sauce tamari (sans gluten)
1 c. à soupe de beurre de cacahuète ou de tahini
1 c. à soupe de vinaigre de riz ou de citron vert
1 c. à café de miel ou de sirop d'érable
1 c. à café de gingembre râpé

- Faire cuire les filets à la vapeur ou les poêler avec un filet d'huile d'olive. Une fois cuits, les couper en fines lamelles.
- Râper la carotte, couper le concombre, le poivron et l'avocat en fines lamelles.
- Séparer les feuilles de menthe et de coriandre.
- Tremper une feuille de riz dans de l'eau tiède pendant 10 secondes jusqu'à ce qu'elle ramollisse. La poser sur une planche propre.
- Placer une feuille de laitue au centre, ajouter quelques lamelles de poulet, des légumes, des germes, des herbes fraîches et une pincée de graines de sésame.
- Replier les côtés puis rouler fermement. Répéter l'opération avec les autres feuilles de riz.
- Mélanger tous les ingrédients de la sauce dans un bol jusqu'à obtenir une texture homogène.
- Servir immédiatement avec la sauce tamari au gingembre en accompagnement.

L'avis de la nutritionniste

Cette recette cache une vraie stratégie nutritionnelle : le poulet bio apporte des protéines maigres et de la vitamine B6, essentielles à la synthèse des neurotransmetteurs et à la régulation glycémique. Les légumes croquants, riches en enzymes et antioxydants sensibles à la chaleur, optimisent la digestion dès la mastication. Les herbes fraîches, riches en terpènes et polyphénols, ont des propriétés carminatives et antifongiques douces, utiles au foie comme au microbiote. Quant à la sauce, elle agit comme une véritable émulsion enzymatique et alcalinisante, renforçant l'absorption des nutriments et l'équilibre global du repas.

ANTI-INFLAMMATION : MODE D'EMPLOI

Pendant des années, je n'ai pas su écouter mon corps. Les signaux étaient pourtant là, bien visibles : une peau inflammée, ultra-sensible, sujette aux rougeurs et aux réactions en chaîne. Mais je ne les ai pas interprétés comme des alertes internes. Je les ai traités en surface : crèmes anti-rougeurs, fonds de teint couvrants, soins exfoliants. J'ai changé de routine dix fois, testé les dernières nouveautés… sans résultat durable. Parce que je n'avais pas compris le message que mon corps tentait de m'envoyer.

> Ce que je prenais pour un simple problème de peau était en réalité le reflet d'une inflammation plus profonde, installée dans mon organisme.

L'inflammation, lorsqu'elle est ponctuelle, est une réaction normale et nécessaire de notre système immunitaire face à une agression. Elle nous protège, elle répare. Mais lorsqu'elle devient silencieuse, chronique, constante, c'est un véritable poison lent. Elle dérègle les hormones, épuise le système digestif, fragilise la barrière intestinale, accélère le vieillissement de la peau… et s'insinue partout, sans qu'on en prenne toujours conscience.

Cette partie du livre est là pour vous aider à comprendre les mécanismes de l'inflammation chronique et à identifier comment l'alimentation, mais aussi le mode de vie dans son ensemble, peut la calmer – durablement.

Comprendre l'inflammation chronique

L'inflammation aiguë est une réaction normale et bénéfique. C'est ce qui permet à notre corps de combattre un virus, de guérir une blessure ou de se défendre contre une agression extérieure. Mais lorsque cette inflammation persiste même en l'absence de menace, elle devient problématique.

LES PRINCIPALES CAUSES DE L'INFLAMMATION CHRONIQUE

Une alimentation déséquilibrée, riche en sucres raffinés, en graisses saturées de mauvaise qualité et en aliments ultra-transformés.

Un déséquilibre du microbiote intestinal, souvent lié à un manque de fibres et à une consommation excessive d'aliments pro-inflammatoires.

Un stress chronique, qui perturbe l'axe intestin-cerveau et favorise la libération de molécules inflammatoires.

Un manque d'activité physique, car le mouvement aide à réguler l'inflammation et à stimuler la circulation sanguine.

Un sommeil de mauvaise qualité, qui altère les mécanismes de réparation cellulaire et favorise un état inflammatoire persistant.

> Ce que j'ai mis du temps à comprendre et à déchiffrer, c'est que notre corps nous envoie des signaux lorsque l'inflammation devient un problème chronique. Ma rosacée en était un !

LES SYMPTÔMES LES PLUS COURANTS

Sur la peau, teint terne, rougeurs, imperfections, sécheresse, accélération du vieillissement cutané, perte d'élasticité

Sur les articulations, douleurs, raideurs, sensations de gonflement

Sur la digestion, ballonnements, inconfort intestinal, troubles du transit, syndrome de l'intestin irritable

Sur le métabolisme, prise de poids inexpliquée, résistance à l'insuline, fringales fréquentes

Sur l'énergie et le mental, fatigue chronique, brouillard mental, troubles de l'humeur, anxiété

Si vous vous reconnaissez dans plusieurs de ces symptômes, il est probable que votre organisme soit en état d'inflammation. La bonne nouvelle, c'est qu'il est possible d'inverser la tendance en adoptant une alimentation plus adaptée. Vous pouvez faire des analyses en laboratoire, pour rechercher des anticorps IgG en lien avec certains aliments (comme on pourrait le faire pour la recherche des allergies), pour authentifier l'état de la porosité de votre barrière intestinale, et plus largement pour vous assurer de la santé de votre microbiote. L'important est d'être accompagné par un professionnel de santé formé et spécialisé au niveau du microbiote intestinal.

Les bases d'une alimentation anti-inflammatoire

Une étude publiée dans *The American Journal of Clinical Nutrition* (2015) a mis en évidence le fait que les personnes suivant un régime alimentaire à faible index inflammatoire avaient un risque réduit de mortalité, toutes causes confondues. Cela souligne l'importance de consommer des aliments qui régulent la réponse immunitaire et limitent l'oxydation cellulaire.

1 ÉVITER LES ALIMENTS ULTRA-TRANSFORMÉS

Les produits industriels riches en additifs, en sucres cachés et en huiles raffinées sont parmi les premiers responsables de l'inflammation chronique. Lire les étiquettes et privilégier des aliments bruts, non transformés, est une première étape essentielle.

2 RÉDUIRE LES SUCRES RAFFINÉS

Les sucres rapides provoquent des pics de glycémie, entraînant un stress oxydatif et un état inflammatoire. En excès, ils favorisent aussi la glycation, un processus qui rigidifie les fibres de collagène et accélère le vieillissement de la peau.

3 PRIVILÉGIER LES BONNES GRAISSES

Les oméga-3 sont de puissants anti-inflammatoires naturels, essentiels à la santé du cerveau, de la peau, des articulations et de l'intestin. On les trouve dans les poissons gras (saumon, sardine, maquereau), les graines de chia, les noix et les huiles végétales de qualité comme l'huile de lin, de cameline ou de colza. À l'inverse, il est préférable de limiter les excès d'oméga-6 (présents dans les huiles de tournesol, de maïs ou de pépins de raisin), ainsi que les huiles hydrogénées et les graisses trans, très fréquentes dans les produits industriels. En cuisine, on évite de chauffer à haute température les huiles fragiles (lin, colza, noix). Pour la cuisson, il vaut mieux privilégier l'huile d'olive vierge, le ghee ou l'huile de coco, qui résistent mieux à la chaleur.

4 MISER SUR LES FIBRES ET LES POLYPHÉNOLS

Les fibres nourrissent notre microbiote intestinal et contribuent à l'équilibre de notre digestion, tandis que les polyphénols présents dans les fruits, légumes et épices, sont de puissants antioxydants qui aident à lutter contre l'inflammation.

Toutes les recettes présentées dans ce livre, suivent les principes d'une alimentation anti-inflammatoire.

Macronutriments et inflammation : trouver le bon équilibre

Les protéines, glucides et lipides sont les trois grands piliers de notre alimentation. Bien les choisir et les répartir dans des proportions adaptées permet de réduire l'inflammation de bas grade qui joue un rôle central dans le vieillissement accéléré et de nombreuses pathologies chroniques.

Les recommandations actuelles suggèrent un apport quotidien de :

PROTÉINES
10 à 20 %

GLUCIDES
40 à 55 %

LIPIDES
35 à 40 %

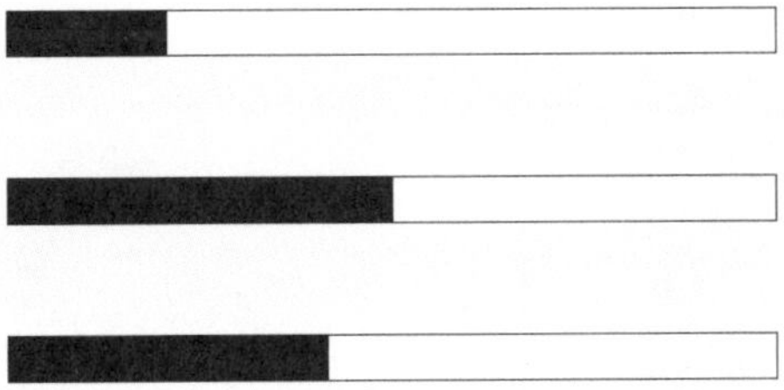

Pour les protéines, on se tourne vers les viandes blanches, les œufs, les légumineuses. Pour les lipides, on privilégie les bonnes graisses (oméga-3, huile d'olive, avocat, noix...). Pour les glucides, on mise sur des sources à index glycémique bas (légumineuses, céréales complètes, légumes, fruits) et on limite le sucre ajouté.

Dans la pratique, il est difficile d'évaluer seul ses apports réels. Un accompagnement par un professionnel de santé, comme un diététicien, permet d'ajuster son alimentation de manière personnalisée. Comprendre les bases de l'équilibre alimentaire devrait faire partie des apprentissages fondamentaux dès l'école, tant les enjeux pour la santé publique sont majeurs.

LES PROTÉINES : UN PILIER ESSENTIEL POUR BIEN VIEILLIR
Les protéines sont indispensables à la réparation des tissus, à la production de collagène et au maintien de la masse musculaire, qui décline avec l'âge. Elles participent également à la régulation de la glycémie et préviennent la sarcopénie, la perte progressive de muscles liée au vieillissement.

- **Favoriser :** les protéines animales de qualité (poisson, œufs, volaille, viande maigre), les protéines végétales (lentilles, pois chiches, tofu).
- **Éviter :** les viandes transformées (charcuteries industrielles, plats préparés riches en additifs).

LES LIPIDES : AMIS OU ENNEMIS ?
Les bonnes graisses sont essentielles à notre santé hormonale et cellulaire. Elles aident à réguler l'inflammation et à protéger notre peau contre le vieillissement.

- **Favoriser :** oméga-3 (poissons gras, graines de lin, noix), huile d'olive, avocat.
- **Limiter :** oméga-6 (huile de tournesol, soja), acides gras trans (produits industriels, margarine).

LES GLUCIDES : CHOISIR LES BONS
Les glucides ne sont pas à bannir, mais leur qualité est cruciale. Les glucides raffinés provoquent des pics inflammatoires, tandis que les glucides complexes apportent une énergie stable et nourrissent notre microbiote.

- **Favoriser :** légumes, fruits, légumineuses, céréales complètes.
- **Éviter :** pain blanc, pâtes raffinées, pâtisseries industrielles.

Les indispensables du garde-manger anti-inflammatoire

Adopter une alimentation anti-inflammatoire ne signifie pas tout changer du jour au lendemain, mais plutôt intégrer progressivement de meilleures habitudes. Prendre soin de son corps passe par une alimentation équilibrée, mais aussi par un mode de vie sain : une activité physique régulière, une bonne gestion du stress et un sommeil de qualité sont tout aussi importants. En comprenant les mécanismes de l'inflammation et en choisissant les bons aliments, nous avons le pouvoir d'influencer positivement notre santé, notre bien-être et notre longévité.

Le conseil

Pour réussir, il faut toujours avoir dans ses placards le nécessaire pour bien manger. Sinon, on a vite fait de craquer. Avoir ces ingrédients à portée de main facilite les bons choix au quotidien et évite les décisions impulsives qui fragilisent notre équilibre. Voici les indispensables à avoir dans sa cuisine.

HUILES DE QUALITÉ

- Huile d'olive vierge extra (pour assaisonnement et cuisson douce)
- Huile de colza, lin ou cameline (à froid, riches en oméga-3)

CÉRÉALES COMPLÈTES ET PSEUDO-CÉRÉALES

- Quinoa, sarrasin, riz complet, millet, flocons d'avoine sans gluten

LÉGUMINEUSES

- Lentilles, pois chiches, haricots rouges ou blancs, fèves
- En conserve sans additifs ou secs, à cuire

OLÉAGINEUX ET GRAINES

- Noix, amandes, noisettes, noix du Brésil
- Graines de chia, lin, courge, sésame

ÉPICES ET HERBES AUX VERTUS ANTI-INFLAMMATOIRES

- Curcuma (à associer au poivre noir)
- Gingembre, cannelle, cumin, fenouil, romarin, thym, origan

CONDIMENTS NATURELS

- Vinaigre de cidre non pasteurisé
- Miso, tamari, tahini (purée de sésame)
- Citron frais pour ses propriétés alcalinisantes et digestives

SOURCES DE BONNES PROTÉINES

- Petits poissons gras (sardines, maquereaux, harengs, en bocaux ou surgelés)
- Œufs bio, tofu, tempeh, seitan

PLAISIRS SAINS

- Chocolat noir à 85 % minimum
- Purée d'oléagineux (amande, noisette, cajou) sans sucre ajouté

COMPLÉMENTS ALIMENTAIRES

- Probiotiques de qualité pour soutenir l'intestin
- Glutamine, oméga-3 végétaux ou marins, collagène marin selon les besoins

L'alcool : faux allié, vrai facteur inflammatoire

Pendant longtemps, je n'ai pas remis en question ma consommation d'alcool. Un verre de vin le soir, une coupe de champagne le week-end, un apéritif entre amis… Rien d'excessif en apparence et, surtout, profondément intégré à notre culture française. J'habite à Reims, au cœur de la Champagne : ici, le champagne est presque un langage. Il marque les célébrations, les retrouvailles, les grands moments. Dire non à une coupe, c'est presque s'excuser.

> Et pourtant, j'ai fini par me rendre à l'évidence : même une consommation dite « raisonnable » n'était pas sans effet sur mon corps.

Problèmes digestifs, réveils nocturnes, teint terne, humeur instable… j'ai commencé à faire le lien, de façon concrète. Et plus j'avançais dans mes recherches sur l'inflammation, plus le constat était clair : l'alcool est un pro-inflammatoire majeur. Il agresse la muqueuse intestinale, surcharge le foie, dérègle le système hormonal, altère la qualité du sommeil, accélère le vieillissement cellulaire et affaiblit la barrière cutanée. Rien de glamour là-dedans.

Le plus troublant, c'est cette dissonance culturelle : on sait aujourd'hui, études à l'appui, que l'alcool est toxique, même à faible dose. Et pourtant, il continue d'être valorisé, célébré, associé à la joie de vivre à la française. Comme si le patrimoine l'emportait sur la santé.

J'ai choisi d'arrêter complètement de boire de l'alcool. Pas comme un effort, mais comme un acte de clarté. Parce que je me sens tellement mieux sans. Parce que j'ai envie d'un corps qui fonctionne à plein potentiel. Parce que vieillir en bonne santé demande parfois de déconstruire ce que l'on pensait « normal ».

Ce choix n'est pas une injonction. Mais c'est une piste. Une invitation à observer, ressentir, expérimenter. Et peut-être, comme moi, à découvrir qu'on ne perd rien… si ce n'est un peu d'inflammation.

L'ALCOOL ET L'INFLAMMATION : CE QU'IL FAUT SAVOIR

Même en petite quantité, l'alcool a un impact direct sur plusieurs systèmes-clés de notre équilibre.

Sur le foie : l'alcool est une toxine. Sa digestion mobilise le foie, qui ralentit alors les autres fonctions métaboliques (notamment la détoxification hormonale et la digestion des graisses). Résultat : surcharge, fatigue, perturbations hormonales.

Sur le microbiote et l'intestin : il irrite la muqueuse intestinale, altère la perméabilité de la barrière intestinale (favorisant l'inconfortable *leaky gut*), et déséquilibre le microbiote. Cela peut entraîner ballonnements, inflammation, baisse d'immunité, troubles cutanés.

Sur la peau : l'alcool déshydrate, favorise la vasodilatation (rougeurs, rosacée), augmente le stress oxydatif, accélère la perte de collagène. Le teint devient plus terne, la peau plus réactive.

Sur le sommeil et le système nerveux : même un verre de vin perturbe les cycles de sommeil profond, augmente le cortisol (l'hormone du stress), et favorise les réveils nocturnes, ce qui impacte directement la régénération cellulaire et la gestion du stress.

Sur l'équilibre hormonal : l'alcool perturbe la production d'insuline, augmente le taux d'œstrogènes, et peut contribuer à des troubles du cycle menstruel, des variations de l'humeur ou du poids.

Il n'existe pas de « bonne dose » d'alcool pour la santé. Même modérée, sa consommation reste un facteur de vieillissement, d'inflammation et de déséquilibre systémique.

ET SI ON RÉINVENTAIT LE RITUEL ?

Arrêter (ou réduire) l'alcool ne veut pas dire renoncer au plaisir de trinquer, de célébrer, de partager un moment convivial. Cela veut simplement dire réinventer le rituel, avec des alternatives plus respectueuses de notre santé et tout aussi festives. J'adore toujours autant notre petite habitude de l'apéro avec mon mari pour démarrer le week-end ! Aujourd'hui, il existe de plus en plus de boissons sans alcool sophistiquées, élégantes, végétales, qui permettent de garder l'esprit d'un apéritif ou d'un dîner entre amis... sans les effets secondaires. Parmi mes préférées :

- **Iessi,** aux notes amères et complexes, façon apéritif méditerranéen ;

- **JNPR,** une alternative sans alcool au gin, parfaite pour les mocktails ;

- **French Bloom,** pétillant sans alcool raffiné et floral ;

- **ou tout simplement :** une eau pétillante infusée maison avec des herbes fraîches, des zestes d'agrumes, une touche de gingembre ou de vinaigre de cidre.

Le plaisir ne vient pas du degré d'alcool, mais de l'intention, du moment et de ce que l'on choisit de célébrer. Et si le vrai luxe, aujourd'hui, c'était d'avoir l'esprit clair, l'énergie stable, la peau lumineuse, et un corps qui nous dit merci ?

SOUPES

VELOUTÉ DE POTIMARRON ET LENTILLES CORAIL

Pour 4 personnes

J'aime bien les soupes, le seul souci c'est qu'elles sont souvent pauvres en protéines. J'aime donc les twister pour m'assurer que ça soit toujours un repas complet. Je fais cette recette chaque automne sans jamais m'en lasser. Elle est douce, crémeuse, nourrissante... et réconforte dès la première cuillère. Le potimarron apporte une texture veloutée et une douceur naturelle, tandis que les lentilles corail enrichissent le plat en protéines végétales et en fibres. J'ajoute un peu de curcuma ou de gingembre pour l'effet anti-inflammatoire et le coup de boost à l'immunité. C'est une recette que je prépare autant pour le plaisir que pour prendre soin de moi, et que je refais chaque année comme un petit rituel de saison. C'est très doux avec le lait de coco, même les enfants adorent !

Ingrédients

1 petit potimarron (env. 600 g, coupé en morceaux, avec la peau)
100 g de lentilles corail
1 oignon
2 gousses d'ail
1 c. à café de curcuma
1 c. à café de cumin en poudre
1 l de bouillon de légumes ou de volaille
200 ml de lait de coco (ou crème végétale au choix)
1 c. à soupe d'huile d'olive
Sel, poivre

Pour la garniture (optionnel mais délicieux)

Graines de courge
Coriandre ou persil frais
Un filet de jus de citron ou de lait de coco

- Dans une grande casserole, faire chauffer l'huile d'olive. Ajouter l'oignon émincé et l'ail haché, faire revenir 2 minutes jusqu'à ce qu'ils deviennent translucides. Ajouter le curcuma et le cumin, mélanger pour libérer les arômes.
- Ajouter les morceaux de potimarron et les lentilles corail.
- Verser le bouillon de légumes, saler et poivrer.
- Laisser mijoter 20 minutes, jusqu'à ce que le potimarron soit tendre et les lentilles bien cuites.
- Mixer le velouté jusqu'à obtenir une texture lisse.
- Ajouter le lait de coco et bien mélanger. Ajuster l'assaisonnement si besoin.
- Verser le velouté dans des bols.
- Ajouter quelques graines de courge, des herbes fraîches et un filet de jus de citron pour une touche de peps.

L'astuce

Pour encore plus de protéines, ajouter une poignée de pois chiches grillés sur le dessus.

SOUPE TOMATE ET COTTAGE CHEESE

Pour 4 personnes

Cette soupe est inspirée de nos séjours à Londres, une de mes villes favorites où je me verrais bien vivre ! On trouve souvent à la carte des restaurants des soupes très simples, servies avec du pain toasté et un petit twist réconfortant. J'ai eu envie d'en faire une version maison, plus équilibrée mais tout aussi gourmande. La tomate mijotée est légèrement acidulée, et je l'adoucis avec une belle cuillerée de cottage cheese, riche en protéines, pour apporter du crémeux sans alourdir. Je l'accompagne de tartines sans gluten (parfois juste toastées avec un peu d'huile d'olive et d'herbes) : c'est un repas tout simple, mais qui me ramène à ces moments de pause, au calme, entre deux balades dans la ville.

Ingrédients

Pour la soupe de tomates

1 kg de tomates bien mûres (ou 1 boîte de tomates pelées de qualité)
1 oignon rouge
2 gousses d'ail
1 c. à soupe d'huile d'olive extra vierge
500 ml de bouillon de légumes
1 c. à café de vinaigre balsamique
1 c. à café de miel ou sirop d'érable (optionnel pour équilibrer l'acidité)
1 pincée de piment doux (optionnel)
Sel, poivre
100 g de cottage cheese (ou version végétale)
1 poignée de basilic frais

Pour les tartines sans gluten

4 tranches de pain sans gluten (maison ou du commerce)
1 gousse d'ail
1 c. à soupe d'huile d'olive
1 pincée de sel

- Émincer l'oignon et l'ail. Dans une grande casserole, faire chauffer l'huile d'olive et faire revenir l'oignon et l'ail à feu moyen pendant 3 minutes.
- Ajouter les tomates coupées en morceaux (ou les tomates pelées concassées), le bouillon de légumes, le vinaigre balsamique, le miel et le piment doux. Saler et poivrer.
- Laisser mijoter à feu doux pendant 20 minutes, puis mixer jusqu'à obtention d'une texture lisse et veloutée.
- Faire griller les tranches de pain sans gluten au four ou au grille-pain.
- Frotter légèrement chaque tranche avec une gousse d'ail et arroser d'un filet d'huile d'olive. Saupoudrer d'une pincée de sel.
- Servir la soupe chaude dans des bols, ajouter une cuillère de cottage cheese par portion et parsemer de basilic frais.
- Déguster avec les tartines grillées pour une touche croustillante et gourmande.

L'avis de la nutritionniste

Une assiette enveloppante, à la fois digestive, anti-inflammatoire et réconfortante. Les tomates cuites, riches en lycopène, associées à l'huile d'olive, forment un duo protecteur pour la peau et le cœur. Ail, oignon rouge et épices douces soutiennent le microbiote et l'équilibre glycémique, tandis que le cottage cheese, léger mais complet, apporte protéines, calcium et tryptophane pour une satiété apaisante. Légère mais rassasiante, elle est idéale pour un dîner bien-être qui nourrit le corps en profondeur !

MA SOUPE DE POULET RÉCONFORTANTE

Pour 4 personnes

Cette soupe, c'est ma recette « doudou », celle que je prépare quand j'ai besoin de réassurance, de chaleur et de simplicité. Elle me fait penser aux bouillons que l'on faisait mijoter longtemps, avec des ingrédients bruts et sincères. Quand on dit soupe, on pense souvent aux préparations un peu épaisses que l'on mangeait enfant. Même si je les apprécie, j'ai une préférence pour les recettes légères façon bouillon. Celle-ci est une de mes préférées. Une soupe nourrissante, digeste et sans lactose, parfaite pour un dîner équilibré et réconfortant. C'est une recette qui traverse les saisons et les années sans jamais perdre son sens. Je la prépare souvent quand quelqu'un est fatigué à la maison, ou quand j'ai moi-même besoin de me poser, me recentrer, me nourrir avec douceur. Cette soupe, c'est un vrai soin du quotidien : du bouillon maison, du poulet fermier, des légumes racines, des herbes... rien de compliqué, mais tout ce qu'il faut pour soutenir le système immunitaire, la digestion et la vitalité. Une recette qui fait du bien, vraiment.

Ingrédients

2 filets de poulet bio (env. 300 g)
1 l de bouillon de volaille maison ou bio sans additifs
2 carottes
1 poireau
1 branche de céleri
2 gousses d'ail
1 courgette
Quelques feuilles d'épinards ou de chou kale (optionnel)
100 g de pois chiches cuits (pour une touche de protéines végétales, optionnel)
1 c. à soupe d'huile d'olive
1 c. à soupe de jus de citron
Sel, poivre
Persil ou coriandre fraîche pour servir

- Dans une grande casserole, faire chauffer l'huile d'olive à feu moyen. Ajouter l'ail haché, le poireau émincé, le céleri coupé en petits morceaux et les carottes en rondelles. Faire revenir 3 minutes. Ajouter le sel et le poivre. Mélanger.
- Verser le bouillon de volaille et porter à ébullition. Plonger les filets de poulet entiers et laisser mijoter à feu doux 20 minutes.
- Retirer le poulet, l'effilocher à la fourchette, puis le remettre dans la soupe.
- Ajouter les courgettes coupées en petits dés (si utilisées), les pois chiches et le chou kale/épinards.
- Laisser mijoter encore 5 minutes.
- Ajouter le jus de citron en fin de cuisson pour rehausser les saveurs.
- Parsemer de persil ou de coriandre fraîche avant de déguster.

L'astuce

Pour une version plus nourrissante, ajouter du quinoa ou des vermicelles de riz en fin de cuisson. Et pour les enfants, vous pouvez utiliser des petites pâtes alphabet !

VELOUTÉ DE CHAMPIGNONS ET ŒUF MOLLET

Pour 2 personnes

Avec mon mari, nous avons découvert cette recette dans un restaurant lors d'un dîner en amoureux. Nous avons eu un coup de cœur pour son onctuosité et, dès la semaine suivante, mon mari s'est mis en cuisine pour la reproduire en version sans lactose.
Un velouté réconfortant, crémeux, parfait pour un dîner d'hiver léger et gourmand. J'adore la profondeur des champignons, simplement mixés avec un bon bouillon, et le contraste avec l'œuf mollet qui vient ajouter du fondant et des protéines. C'est un plat à la fois simple, élégant, réconfortant et nourrissant, que l'on prépare souvent le soir, en duo.

Ingrédients

Pour le velouté

250 g de champignons de Paris (ou un mélange forestier)
1 petite échalote (émincée)
1 gousse d'ail (hachée)
400 ml de bouillon de légumes ou de volaille
100 ml de lait de coco ou de crème végétale (amande, avoine... sans sucre ajouté)
1 c. à soupe d'huile d'olive
1 pincée de muscade
Sel, poivre

Pour l'œuf mollet

2 œufs bio
1 c. à soupe de vinaigre blanc

Pour le topping (optionnel mais délicieux)

Quelques champignons poêlés en garniture
Graines de courge ou noisettes concassées
Ciboulette fraîche ciselée
Croûtons de pain sans gluten

- Faire chauffer l'huile d'olive dans une casserole et faire revenir l'échalote émincée et l'ail haché pendant 2 minutes. Ajouter les champignons coupés en morceaux et faire sauter 5 minutes jusqu'à ce qu'ils rendent leur eau.
- Verser le bouillon, assaisonner avec sel, poivre et muscade. Laisser mijoter 10 minutes, puis mixer avec la crème végétale jusqu'à obtenir une texture lisse et onctueuse.
- Porter une casserole d'eau à ébullition avec une cuillère à soupe de vinaigre blanc. Plonger délicatement les œufs et cuire 6 minutes.
- Retirer immédiatement et plonger dans un bol d'eau glacée pour stopper la cuisson. Écaler délicatement.
- Verser le velouté dans des bols, déposer un œuf mollet au centre.
- Ajouter quelques champignons poêlés, des graines ou noisettes concassées et un peu de ciboulette fraîche.

L'astuce

Pour une touche encore plus gourmande, ajouter un filet d'huile de truffe avant de servir et quelques croûtons de pains sans gluten !

VELOUTÉ IMMUNITÉ MAÏS ET SHIITAKE

Pour 4 personnes

Ce velouté est né d'une envie de créer une soupe douce mais fonctionnelle, qui accompagne vraiment l'organisme pendant les changements de saison. J'adore le maïs pour sa douceur naturelle, qui plaît aussi beaucoup aux enfants, et je l'associe ici aux shiitakés, des champignons aux propriétés immunostimulantes que j'essaie d'intégrer régulièrement dans ma cuisine. C'est une soupe qui fait du bien, qui apaise, qui réchauffe, tout en renforçant en douceur. À faire quand le corps a besoin d'un petit soutien discret mais efficace.

Ingrédients

250 g de maïs bio (frais ou en boîte égoutté)
150 g de shiitakés frais
1 oignon rouge
2 gousses d'ail
1 petit morceau de gingembre frais (2 cm)
500 ml de bouillon de légumes
200 ml de lait de coco
1 c. à soupe d'huile d'olive ou de coco
1 c. à café de curcuma
1 pincée de piment doux (optionnel)
Sel, poivre
1 poignée de coriandre ou de persil frais pour servir

- Émincer l'oignon, l'ail et le gingembre.
- Nettoyer et couper les shiitakés en fines lamelles.
- Dans une grande casserole, faire chauffer l'huile d'olive et faire revenir l'oignon, l'ail et le gingembre pendant 2 minutes.
- Ajouter les shiitakés et le curcuma, faire revenir 3 minutes supplémentaires.
- Ajouter le maïs, le bouillon de légumes, le sel et le poivre. Laisser mijoter 15 minutes à feu doux.
- Ajouter le lait de coco et mixer jusqu'à obtenir une texture veloutée. Ajuster l'assaisonnement.
- Servir chaud avec un peu de coriandre ou de persil frais et une pincée de piment doux pour une touche d'énergie.

L'avis de la nutritionniste

Ce velouté est un véritable booster pour l'immunité et la vitalité, parfait pour améliorer l'énergie, la digestion et la santé de la peau. Le maïs, riche en bêta-carotène et en fibres, favorise un teint éclatant et une digestion fluide. Les shiitakés, connus pour leurs propriétés adaptogènes et leur richesse en antioxydants, renforcent le système immunitaire et aident à lutter contre l'inflammation. Ce velouté crémeux et réconfortant est idéal pour une régénération cellulaire et un microbiome en pleine santé.

SOUPE DÉTOX POULET ET GINGEMBRE

Pour 4 personnes

C'est la soupe que je prépare quand j'ai besoin de légèreté, d'éliminer les excès ou de repartir sur de bonnes bases. Elle est plus tonique et stimulante que ma soupe de poulet réconfortante (page 75). J'y fais infuser gingembre frais, citron, bouillon clair et herbes, puis j'y ajoute du poulet effiloché, quelques légumes croquants ou légèrement cuits, et parfois un peu de riz complet selon les envies. Elle me donne cette sensation de nettoyer en douceur, tout en apportant de l'énergie. C'est une recette simple, vivante, que je cuisine souvent après un retour de voyage ou un trop-plein de tout.

Ingrédients

2 blancs de poulet bio
1 litre de bouillon de volaille maison ou bio
2 carottes
1 poireau
2 branches de céleri
2 gousses d'ail
1 morceau de gingembre frais (3 cm)
1 c. à soupe d'huile de coco ou d'olive
1 c. à café de curcuma
1 c. à café de citronnelle séchée (optionnel)
1 feuille de laurier
1 poignée de coriandre ou persil frais
1 c. à soupe de jus de citron
Sel, poivre

- Éplucher et couper les carottes en rondelles, le poireau et le céleri en tronçons.
- Émincer l'ail et râper le gingembre.
- Dans une grande casserole, faire chauffer l'huile de coco et faire revenir l'ail, le gingembre râpé, le curcuma et la citronnelle (si utilisée) pendant 1 minute.
- Ajouter les légumes coupés et faire revenir 3 minutes.
- Ajouter le bouillon, la feuille de laurier et les blancs de poulet entiers. Porter à ébullition, puis réduire le feu et laisser mijoter 20 minutes.
- Retirer les blancs de poulet, les effilocher à la fourchette, puis les remettre dans la soupe.
- Ajouter le jus de citron et rectifier l'assaisonnement avec du sel et du poivre.
- Servir chaud, parsemé de coriandre ou de persil frais.

L'avis de la nutritionniste

Cette soupe est un véritable booster d'immunité et d'énergie, idéale pour une digestion légère, une peau éclatante et une inflammation réduite. Le poulet, riche en protéines maigres et en collagène, favorise la régénération cellulaire et l'élasticité de la peau. Le gingembre et l'ail, puissants anti-inflammatoires naturels, stimulent le métabolisme et l'élimination des toxines. Le bouillon chaud, quant à lui, aide à réhydrater l'organisme et à purifier le système digestif, faisant de cette soupe un incontournable repas bien-être ! Parfaite après un repas riche ou pour retrouver de l'énergie et de l'équilibre !

SOUPE SUPER VERTE

Pour 4 personnes

Une soupe à préparer si vous avez envie de remettre de la vitalité dans votre assiette, après une période chargée ou quand vous sentez que votre énergie est en baisse. Je l'appelle « super verte » parce qu'elle est pleine de chlorophylle, de fibres, de minéraux et d'antioxydants : brocoli, épinards, courgette, herbes fraîches... tout ce que j'ai sous la main de vert et de vivant y passe. Elle est légère mais nourrissante, digeste et ultra-rapide à faire. C'est un vrai shot de verdure et de lumière !

Ingrédients

1 courgette
1 bouquet de brocoli
2 poignées d'épinards frais
1 poignée de persil ou de coriandre
1/2 avocat (pour l'onctuosité)
1 oignon rouge
2 gousses d'ail
500 ml de bouillon de légumes
1 c. à soupe d'huile d'olive
1 c. à café de gingembre râpé
1 c. à café de curcuma
1 c. à soupe de jus de citron
Graines de courge (pour la présentation)
Sel, poivre

- Émincer l'oignon et l'ail.
- Couper la courgette et le brocoli en morceaux.
- Dans une casserole, faire revenir l'oignon, l'ail, le gingembre et le curcuma dans l'huile d'olive pendant 2 minutes.
- Ajouter la courgette, le brocoli et le bouillon. Laisser mijoter 15 minutes.
- Ajouter les épinards et le persil en fin de cuisson, laisser 2 minutes pour préserver les nutriments.
- Mixer la soupe avec l'avocat pour une texture veloutée. Ajouter le jus de citron, saler et poivrer.
- Servir chaud avec un filet d'huile d'olive et quelques graines de courge pour plus de croquant.

L'avis de la nutritionniste

Une soupe basifiante, idéale pour soutenir les fonctions d'élimination et l'équilibre interne. Les légumes verts, riches en chlorophylle, folates et potassium, favorisent l'alcalinité et la détox rénale et hépatique. Le brocoli active la voie NRF2, clé de la défense cellulaire. Citron, ail, oignon rouge, gingembre et curcuma forment une synergie prébiotique et anti-inflammatoire, douce pour la digestion.

BIEN MANGER POUR BIEN VIEILLIR

Vieillir est inévitable, mais la façon dont nous vieillissons dépend en grande partie de nos choix de vie. C'est l'épigénétique. Je vous en parlais dans la première partie (page 37). En 2017, j'ai lu le livre *Younger*, du Dr Sarah Gottfried et ce fut une vraie révélation pour moi. Elle y explique que 90 % des signes du vieillissement et des maladies sont causés par le mode de vie, et non par les gènes. En d'autres termes, vous avez la capacité de dépasser et transformer votre héritage et vos prédispositions génétiques. **Je trouve cela très libérateur de se dire que nous avons le pouvoir sur une grande partie de notre bien-être. Rien n'est une fatalité !**

Notre peau, notre énergie, notre digestion, notre bien-être général : tout est influencé par ce que nous mettons dans notre assiette. Pourtant, l'alimentation est souvent réduite à une simple question de calories ou de restrictions, alors qu'elle est en réalité un levier puissant pour préserver notre santé, ralentir les effets du temps et prévenir les maladies chroniques.

> Manger pour bien vieillir, ce n'est pas adopter un régime restrictif ou ponctuel, c'est construire une relation durable avec des aliments qui nourrissent à la fois le corps et les mécanismes profonds du vivant.

Les zones bleues, ces régions du monde (Okinawa, Sardaigne, Ikaria...) où l'on trouve une proportion élevée de centenaires en bonne santé, ont un point commun : une alimentation riche en végétaux, en fibres, en bonnes graisses, et pauvre en aliments transformés. Ces populations privilégient les aliments bruts, cuisinés simplement, avec une teneur élevée en polyphénols, en acides gras essentiels et en protéines de qualité.

Certaines molécules présentes dans notre alimentation sont aujourd'hui étudiées pour leur rôle dans la longévité. La spermidine, présente dans les champignons, le germe de blé et certains fromages affinés, stimule l'autophagie, un processus naturel de nettoyage cellulaire qui ralentit le vieillissement. La quercétine, que l'on trouve dans les pommes et les oignons, aide à combattre l'inflammation et à protéger les cellules du stress oxydatif. Quant au resvératrol, contenu dans le raisin et le vin rouge, il active les sirtuines, des enzymes impliquées dans la régulation du vieillissement cellulaire.

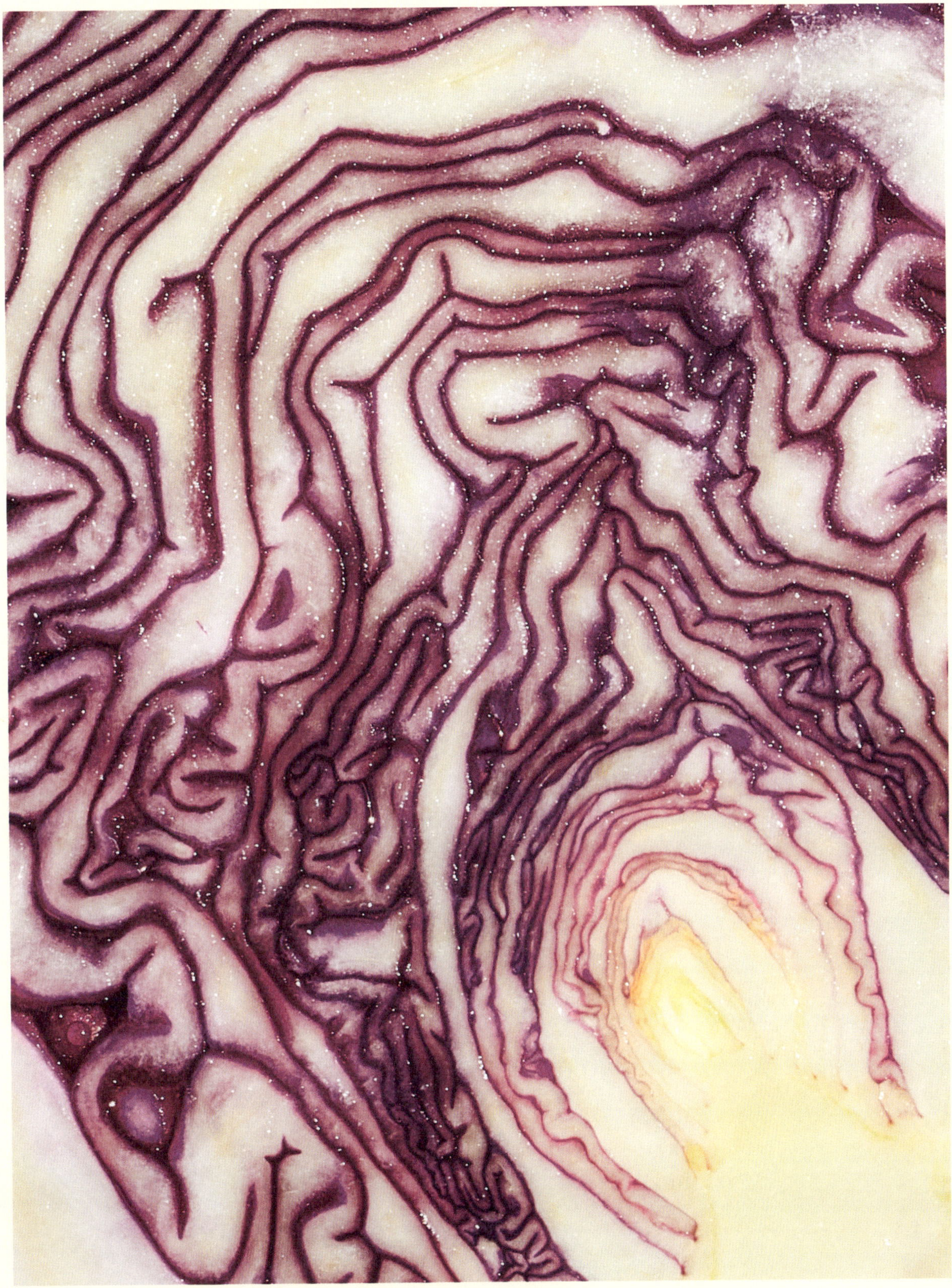

L'inflammation : un ennemi silencieux du vieillissement

Nous l'avons vu dans le chapitre précédent, l'inflammation est l'un des mécanismes majeurs du vieillissement prématuré. Elle agit silencieusement, souvent déclenchée par une alimentation déséquilibrée, trop riche en sucres raffinés, en graisses transformées et en additifs. Cet état inflammatoire chronique fragilise l'ensemble de notre organisme : il accélère la formation des rides, favorise la perte d'élasticité de la peau, dérègle le métabolisme et augmente le risque de maladies comme le diabète, les troubles cardiovasculaires ou encore les déséquilibres digestifs.

On parle d'*inflammaging*, un terme qui désigne ce vieillissement accéléré sous l'effet d'une inflammation persistante. Concrètement, cela signifie que certaines habitudes alimentaires, sans que nous en ayons conscience, peuvent contribuer à l'oxydation cellulaire et à la détérioration de notre peau et de nos organes.

> Mais la bonne nouvelle, c'est que l'inflammation n'est pas une fatalité.

En faisant les bons choix dans notre assiette, en privilégiant notamment des aliments riches en antioxydants, en bonnes graisses, en fibres et en protéines de qualité, nous pouvons non seulement réduire cette inflammation mais aussi optimiser notre vitalité, renforcer notre peau et préserver notre équilibre intérieur.

L'alimentation, un outil puissant pour bien vieillir

Nous avons tendance à sous-estimer le pouvoir des nutriments sur notre corps. Pourtant, ce que nous mangeons chaque jour façonne notre bien-être sur le long terme. Adopter un régime anti-inflammatoire ne signifie pas suivre un régime strict ou privatif, mais plutôt prendre des habitudes qui respectent notre physiologie et apportent à notre organisme ce dont il a besoin pour fonctionner de manière optimale.

Dans ce livre, je souhaite vous transmettre une approche simple et efficace, basée sur trois piliers :

1 RÉDUIRE L'INFLAMMATION
En limitant les aliments pro-inflammatoires comme les sucres raffinés, les huiles de mauvaise qualité et les aliments ultra-transformés.

2 FAVORISER LES ALIMENTS ANTI-INFLAMMATOIRES
En privilégiant les antioxydants, les oméga-3, les fibres et les protéines de qualité qui protègent notre peau et nos cellules.

3 ADOPTER UNE ALIMENTATION INTUITIVE ET DURABLE
Au-delà des règles rigides, il s'agit de réapprendre à écouter son corps et à trouver un équilibre qui s'intègre naturellement dans le quotidien.

C'est une invitation à repenser notre rapport à l'alimentation : la considérer non pas comme une contrainte, mais comme un véritable soin pour notre corps. Chaque recette et chaque conseil que vous trouverez ici repose sur des principes simples et efficaces, que j'applique autant que possible au quotidien. Loin des dogmes et des tendances éphémères, mon approche est fondée sur des bases scientifiques solides et sur l'écoute du corps.

Profils en acides gras, détection des carences en micronutriments, identification des intolérances alimentaires… Ces données permettent d'adapter finement l'assiette à nos besoins réels, tout en minimisant les contraintes.

> Aujourd'hui, les bilans biologiques permettent d'aller plus loin : ils rendent visible ce que l'alimentation seule ne montre pas toujours.

Le lien entre la peau et l'alimentation

La santé de notre peau est le reflet de ce qui se passe à l'intérieur de notre organisme. Une peau terne, fatiguée, marquée par des imperfections ou un vieillissement prématuré est souvent le signe d'un déséquilibre interne.

Les aliments riches en polyphénols, en acides gras essentiels et en vitamines sont de véritables alliés pour préserver une peau éclatante et rebondie. À l'inverse, une alimentation pauvre en nutriments, déséquilibrée ou trop riche en sucres rapides favorise la glycation – un phénomène qui rigidifie les fibres de collagène et accélère le vieillissement cutané.

> Notre microbiome intestinal, nos niveaux d'inflammation, notre glycémie et nos apports en nutriments jouent un rôle-clé dans l'apparence et la résilience de notre peau.

C'est pourquoi l'alimentation est au cœur de la philosophie d'AIME : prendre soin de soi passe autant par les produits que l'on applique sur sa peau que par les nutriments que l'on consomme chaque jour. L'approche holistique que je défends repose sur cette synergie entre nutrition, bien-être digestif et soins cosmétiques.

Le rôle des protéines dans le vieillissement

Avec l'âge, préserver sa masse musculaire est essentiel pour rester autonome, en forme et en bonne santé. La sarcopénie – perte progressive de la masse musculaire – est une réalité qui touche chacun, mais qu'il est possible de freiner grâce à une alimentation adaptée, notamment riche en protéines.

Pourtant, cet apport est souvent sous-estimé. De plus, les besoins en protéines augmentent avec l'âge : on recommande en moyenne entre 1,2 et 1,5 g de protéines par kilo de poids corporel et par jour après 60 ans. À titre d'exemple, une personne de 60 kg devrait viser une consommation de 72 à 90 g de protéines par jour.

Le conseil

Il ne s'agit pas seulement de quantité. La qualité des protéines compte aussi, c'est-à-dire leur capacité à être bien digérées, absorbées et à fournir les acides aminés indispensables à l'organisme. Si l'un de ces acides aminés vient à manquer, la synthèse des protéines – et donc le renouvellement des tissus – est compromise.

Les protéines remplissent de nombreuses fonctions vitales : elles contribuent à construire nos muscles, nos os, notre peau, sont fondamentales pour le fonctionnement de notre système immunitaire, interviennent dans la fabrication d'hormones ou d'enzymes, et participent même à la production d'énergie.

> En cas de maladie, d'inflammation ou de cicatrisation, les besoins en protéines peuvent tripler ou quadrupler.

Il est donc essentiel d'anticiper ces phases de fragilité avec une alimentation variée, bien répartie sur la journée et riche en protéines de qualité.

Dans la réalité, la plupart des personnes ne consomment pas assez de protéines au quotidien. Lorsque Claire recueille les journaux alimentaires de ses patients, 95 % d'entre eux présentent un apport insuffisant. Résultat : même en reprenant une activité physique, leurs efforts pour se remuscler restent souvent vains. Sans un apport protéique adapté, le corps ne peut pas construire de nouvelle masse musculaire.

Exemple d'une journée type

POUR UN APPORT JOURNALIER DE 80-90 G DE PROTÉINES

Petit-déjeuner (~ 30 g de protéines)

- 3 œufs brouillés avec des herbes fraîches (**21 g**)
- 1 tranche de pain aux graines ou pain sarrasin-châtaigne (pour une tranche de 30 g : **4 g**)
- 1 c. à soupe de purée d'amandes (**2 g**)
- 1 tasse d'infusion ou de thé vert
- Option : 1 c. à soupe de graines de chanvre à saupoudrer (**3 g**)

Un bol complet pour déjeuner (~ 32 g de protéines)

- 100 g de lentilles vertes cuites (**9 g**) ou 100 g de quinoa cuit (**4 g**)
- 100 g de filet de poulet ou tempeh (**21-22 g**)
- Légumes rôtis + sauce au tahini et citron
- 1 c. à soupe de graines de courge (**2 g**)

Collation (~ 10 g de protéines)

- 125 g de skyr nature (**9 g**) + 1 c. à soupe de graines de chia (**1 g**)

Une soupe-repas pour dîner (~ 22 g de protéines)

- Bouillon de légumes maison + 100 g de poisson blanc (cabillaud ou lieu noir, **~ 20 g**)
- 30 g de pâtes de lentilles ou pois chiches (**6 g**)
- Légumes verts (brocolis, épinards, courgettes)
- 1 c. à soupe d'huile de cameline ou d'olive

VARIER LES APPORTS EN PROTÉINES

Des études récentes ont démontré que les protéines d'origine végétale ont pour conséquence de diminuer le taux de lipides dans le sang, et ont également des effets anti-inflammatoires en fin de repas (phase post-prandiale).

Les sources végétales (tofu, tempeh, légumineuses) et animales (œufs, poissons, volailles) doivent être intégrées de manière équilibrée. La leucine, un acide aminé essentiel à la synthèse musculaire, se retrouve notamment dans les œufs et les légumineuses.

RÉPARTITION DES PROTÉINES ANIMALES/SEMAINE

Viandes rouges (5 % de MG) : 2 fois par semaine, toujours accompagnées de légumes. Ces derniers apportent des fibres, des antioxydants et des composés protecteurs qui limitent les effets pro-inflammatoires potentiels d'une consommation de viande rouge, notamment sur le côlon.

Viandes blanches (poulet, dinde, pintade...) : 3 à 4 fois par semaine, en portions modérées.

Poissons gras (sardines, maquereaux, harengs...) : 2 fois par semaine.

Poissons maigres (cabillaud, merlu...) et crustacés : tous les jours si vous le souhaitez.

Œufs : tous les jours, idéalement à la coque, mollets ou au plat. Ces modes de cuisson préservent la qualité des protéines et des nutriments, sans dénaturer les graisses contenues dans le jaune, contrairement aux cuissons trop fortes (type œuf dur ou frit).

Idées pour varier ses apports de protéines au quotidien

Il est tout à fait possible d'atteindre ses besoins protéiques sans routine ni lassitude, en combinant intelligemment sources animales et végétales. L'idéal : répartir ces sources tout au long de la journée pour soutenir l'anabolisme musculaire et maintenir l'énergie.

Graines oléagineuses (amandes, noisettes, noix de cajou, pistaches) : une petite poignée par jour (15 unités env.) en collation ou dans un plat.

Noix du Brésil : 1 à 2 par jour, riches en sélénium, particulièrement recommandées en cas d'hypothyroïdie.

Graines riches en protéines (chia, lin, courge, sésame) : 1 c. à soupe par jour (10 g), à saupoudrer sur un yaourt, une salade ou dans un smoothie.

Légumineuses (lentilles, pois chiches, haricots rouges, fèves...) : 2 à 3 fois par semaine, en salade, en soupe ou en curry.

Céréales complètes (quinoa, sarrasin, millet, avoine...) : excellentes en base de repas, à associer à des légumes et légumineuses pour un bon profil d'acides aminés.

Edamame : 1 petite portion (100 g) en apéritif ou dans un bol végétarien, très riche en protéines.

Tofu (fermenté ou soyeux) : 100 g par jour, à cuisiner sauté, mariné ou en dessert protéiné.

Tempeh ou seitan : 1 à 2 fois par semaine, à poêler ou à intégrer dans des plats mijotés.

Produits laitiers ou végétaux enrichis : 1 yaourt nature (vache, chèvre, brebis) ou 1 dessert végétal (soja, coco, amande) par jour.

Purée d'oléagineux (amande, noisette, cajou) : 1 c. à soupe par jour sur une tranche de pain ou dans un porridge.

Boules énergétiques maison : à base de purée d'oléagineux, graines, protéines végétales et fruits secs, idéales en collation ou post-entraînement.

L'assiette idéale pour bien vieillir

Il y a plus de cinquante ans, le Dr Catherine Kousmine avait déjà identifié les piliers d'une alimentation favorable à la santé et à la longévité : une alimentation adaptée à sa physiologie, une bonne hygiène intestinale, un apport suffisant en micronutriments, et un équilibre acido-basique. Des principes que la recherche contemporaine confirme et affine aujourd'hui.

Concrètement, une assiette favorable au bien-vieillir pourrait ressembler à ceci :

60 à 70 % de légumes de saison, crus et cuits, riches en fibres, antioxydants et composés protecteurs

Une portion quotidienne de glucides complexes : légumineuses, céréales complètes, riz complet, quinoa, patate douce…

Des protéines variées, notamment végétales (tofu, tempeh, seitan) et animales de qualité (petits poissons gras 2 fois par semaine, œufs, viandes blanches)

Des graisses saines : huile d'olive, huile de colza ou de cameline, avocat, oléagineux

Des graines riches en bons acides gras et en protéines (chia, lin, courge…)

Des herbes et des épices aux vertus antioxydantes et anti-inflammatoires : curcuma, gingembre, thym, romarin…

Un minimum de produits ultra-transformés, de sucres raffinés, de farines blanches, et l'exclusion des édulcorants ou additifs perturbateurs du microbiote et du métabolisme hormonal

Compléments alimentaires : un soutien souvent nécessaire

On entend souvent que « manger équilibré suffit ». En théorie, c'est vrai. En pratique, notre mode de vie, la qualité appauvrie des sols, le stress chronique, les cycles hormonaux et certaines phases de la vie (règles, grossesse, périménopause, post-partum…) rendent la supplémentation non seulement utile, mais souvent nécessaire, en particulier pour nous les femmes.

Certaines carences sont très fréquentes et passent inaperçues : fer, magnésium, vitamine D, zinc, vitamines B, iode, ou encore acides gras oméga-3. Et les idées reçues sont nombreuses : certes, une banane contient du magnésium, mais elle ne couvre que 10 à 15 % des apports journaliers recommandés, et il faudrait manger plusieurs kilos d'épinards pour combler ses besoins en fer…

Avec l'âge, la production naturelle de collagène diminue progressivement, dès la trentaine, et plus encore chez les femmes après la ménopause. Ce déclin affecte non seulement la peau (perte de fermeté, apparition des rides), mais aussi les articulations, les tendons et la structure osseuse.
Une supplémentation en peptides de collagène peut aider à la régénération des tissus conjonctifs, améliorer l'élasticité cutanée, la densité osseuse et le confort articulaire. Pour être efficace, elle doit être régulière, associée à des apports suffisants en vitamine C, zinc et acides aminés, indispensables à la synthèse du collagène dans l'organisme. C'est avec cette vision en tête que j'ai imaginé notre gamme de collagène à boire AIME. Un geste beauté facile à intégrer à son quotidien !

Le conseil

Je prêche pour ma paroisse mais les compléments alimentaires bien formulés, de qualité, pris au bon moment et dans le bon contexte, sont des alliés précieux pour retrouver un équilibre, prévenir l'épuisement et soutenir durablement le corps. Ce n'est pas un aveu d'échec : c'est une façon de répondre de manière moderne et informée aux besoins de l'organisme.

Carences fréquentes chez les femmes et signes à surveiller

FER

- **Rôle principal :** oxygénation des cellules, énergie
- **Signes de carence fréquents :** fatigue, teint pâle, essoufflement, chute de cheveux

MAGNÉSIUM

- **Rôle principal :** système nerveux, récupération, équilibre hormonal
- **Signes de carence fréquents :** anxiété, crampes, sommeil agité, maux de tête

VITAMINES D

- **Rôle principal :** immunité, os, humeur
- **Signes de carence fréquents :** baisse de moral, fatigue, fragilité osseuse

VITAMINE B9/B12

- **Rôle principal :** système nerveux, fabrication des globules rouges
- **Signes de carence fréquents :** fatigue chronique, engourdissements, troubles cognitifs

ZINC

- **Rôle principal :** peau, immunité, hormones
- **Signes de carence fréquents :** acné, ongles cassants, infections fréquentes

IODE

- **Rôle principal :** fonction thyroïdienne
- **Signes de carence fréquents :** fatigue, prise de poids, frilosité, troubles du cycle

OMÉGA-3

- **Rôle principal :** inflammation, cerveau, hormones
- **Signes de carence fréquents :** sautes d'humeur, peau sèche, douleurs articulaires, fatigue

Le conseil

Un simple bilan sanguin peut aider à objectiver ces déficits. En prévention, une supplémentation ciblée est souvent un levier puissant pour retrouver de l'énergie, de la stabilité et un bien-être global.

COLLAGENE MATCHA GLOW
OXO

SALADES, ASSIETTES, BOWLS

SALADE DE QUINOA, POIS CHICHES ET SAUMON FUMÉ

Pour 4 personnes

C'est le genre de salade que je prévois souvent en avance pour le déjeuner (il suffit de préparer les éléments séparément et de ne pas ajouter l'assaisonnement), surtout les jours où je sais que je vais avoir un emploi du temps serré. Elle est complète, rassasiante, fraîche et équilibrée, sans être lourde. J'aime le mélange entre le quinoa, riche en protéines végétales, les pois chiches pour les fibres, et le saumon fumé, qui apporte des oméga-3 et du goût. C'est une recette qui me permet de bien manger même quand je n'ai pas le temps de cuisiner, et qui renforce à la fois mon énergie, ma concentration et ma peau. Simple, mais toujours efficace.

Ingrédients

150 g de quinoa
1 boîte de pois chiches (250 g égouttés)
200 g de saumon fumé (ou tofu mariné pour une version végétale)
1 avocat
1 concombre
100 g de pousses d'épinards
50 g de graines de courge

Pour la sauce

1 citron
2 c. à soupe d'huile d'olive
1 c. à soupe de tahini
1 c. à café de moutarde
1 c. à soupe d'eau
Sel, poivre
Herbes fraîches : aneth, coriandre ou ciboulette

- Cuire le quinoa selon les instructions du paquet, puis le laisser refroidir.
- Dans un bol, mélanger le tahini, la moutarde, l'huile d'olive, le jus du citron et l'eau. Saler, poivrer et réserver.
- Couper l'avocat en dés, émincer le concombre et détailler le saumon fumé en morceaux.
- Assembler la salade : dans un grand saladier, mélanger le quinoa, les pois chiches, les pousses d'épinards, le concombre et l'avocat. Ajouter le saumon fumé.
- Ajouter la sauce, bien mélanger et parsemer de graines de courge et d'herbes fraîches.
- Servir frais et déguster.

L'astuce

Pour encore plus de protéines, ajouter un œuf mollet par personne (environ 6 g de protéines par œuf, la cuisson mollet permet de bénéficier des bienfaits du jaune).

L'ASSIETTE MÉDITERRANÉE LONGÉVITÉ

Pour 4 personnes

C'est une assiette que j'aime composer intuitivement, en m'inspirant des principes du régime méditerranéen : des bons gras, des légumes colorés, des protéines de qualité et beaucoup d'herbes fraîches. J'aime son côté à la fois simple, vivant et nourrissant, sans jamais être monotone. Elle me rappelle que l'on peut bien manger, prendre soin de soi et se faire plaisir avec des choses très simples. C'est exactement ce que j'ai envie de transmettre dans ce livre : une cuisine qui apporte longévité, énergie et équilibre, sans être compliquée. Cette assiette peut être personnalisée avec des herbes fraîches (basilic, persil) ou une touche de tahini pour encore plus d'onctuosité. Un parfait équilibre entre plaisir et nutrition !

Ingrédients

200 g de quinoa
1 boîte de pois chiches (250 g égouttés)
2 courgettes
1 poivron rouge
10 tomates cerises
50 g de roquette
1 avocat
50 g d'olives noires
1 c. à soupe de graines de sésame
1 c. à soupe de graines de courge
2 c. à soupe d'huile d'olive
1 c. à café de cumin
1/2 c. à café de curcuma

Pour la sauce

1 citron
1 c. à soupe de vinaigre de cidre
Sel, poivre

- Rincer le quinoa sous l'eau froide, puis le cuire dans deux fois son volume d'eau pendant 12 minutes. Égoutter et laisser tiédir.
- Couper les courgettes et le poivron en dés. Mélanger avec 1 c. à soupe d'huile d'olive, le cumin, le curcuma, le sel et le poivre. Rôtir au four à 200 °C pendant 20 minutes.
- Égoutter et rincer les pois chiches. Les faire revenir dans une poêle avec une cuillère à soupe d'huile d'olive, une pincée de sel et les graines de sésame pendant 5 minutes.
- Dans un grand plat, disposer le quinoa, les légumes rôtis, les pois chiches, la roquette, les tomates cerises coupées en deux, l'avocat en tranches et les olives.
- Mélanger le jus du citron, le vinaigre de cidre, du sel et du poivre. Arroser l'assiette. Saupoudrer de graines de courge et de sésame et servir aussitôt.

L'avis de la nutritionniste

Cette assiette s'inspire du régime méditerranéen, reconnu pour ses bienfaits sur la longévité et la santé cardiovasculaire. Riche en antioxydants, en bonnes graisses et en fibres, elle améliore l'équilibre inflammatoire du corps tout en étant délicieuse et rassasiante. L'association des légumes colorés, des protéines végétales et des acides gras essentiels contribue à une digestion optimale et une peau éclatante. Une assiette gourmande et complète, parfaite pour nourrir le corps et l'esprit.

BOWL ANTI-INFLAMMATOIRE

Pour 4 personnes

Ce bowl fait partie de mes recettes « réconfort » du quotidien : il est riche, complet, savoureux, mais sans excès. J'aime utiliser du bœuf haché de qualité, bien assaisonné, que je combine avec des légumes croquants, du riz ou du quinoa, et une sauce relevée mais équilibrée. C'est une façon de consommer de la viande de manière raisonnée, en l'associant à des aliments anti-inflammatoires comme le curcuma, le gingembre, les herbes fraîches et les légumes de saison. C'est un plat qui me fait du bien, qui me nourrit sans m'alourdir, et que je prépare aussi bien pour moi que pour toute la famille (les enfants adorent le combo patates douces et viande hachée !).

Ingrédients

400 g de bœuf haché (idéalement nourri à l'herbe)
200 g de patate douce
1 brocoli
2 carottes
1 avocat
1 oignon rouge
2 gousses d'ail
1 c. à soupe d'huile de coco
1 c. à soupe d'huile d'olive
1 c. à café de curcuma
1 c. à café de cumin
1 c. à café de gingembre en poudre
1/2 c. à café de piment doux
1 c. à soupe de graines de sésame
1 c. à soupe de vinaigre de cidre
Sel, poivre

• Éplucher et couper la patate douce en cubes, la cuire à la vapeur pendant 15 minutes jusqu'à ce qu'elle soit tendre. Couper le brocoli en fleurettes et le cuire à la vapeur 5 minutes. Râper les carottes.
• Dans une poêle, chauffer l'huile de coco et faire revenir l'oignon rouge émincé avec l'ail haché. Ajouter le bœuf haché, le curcuma, le cumin, le gingembre, le piment, le sel et le poivre. Faire revenir à feu moyen pendant 8 à 10 minutes en remuant régulièrement.
• Dans chaque bol, disposer une base de patate douce, ajouter le bœuf épicé, le brocoli, les carottes râpées et l'avocat en tranches.
• Arroser d'un filet d'huile d'olive et de vinaigre de cidre, parsemer de graines de sésame et servir chaud.

L'avis de la nutritionniste

Ce bowl est une excellente combinaison de protéines de qualité, de bons gras et de fibres pour soutenir l'équilibre inflammatoire du corps. Le bœuf nourri à l'herbe est riche en oméga-3 et en zinc, essentiels à la régénération cellulaire et à l'immunité. Associé ici à des légumes colorés, des épices anti-inflammatoires comme le curcuma et le gingembre, et des bonnes graisses comme l'huile d'olive et l'avocat, il constitue un repas à la fois nourrissant et bénéfique pour la digestion, l'énergie et la santé de la peau.

SALADE SAUMON, CHOU KALE, SAUCE CITRON-TAHINI

Pour 4 personnes

Une salade ultra-saine, nourrissante et gourmande, parfaite pour un déjeuner rapide ou un dîner léger. J'ai découvert le chou kale il y a des années aux États-Unis mais à mon retour en France, impossible d'en trouver. Depuis, des agriculteurs ont commencé à le cultiver en France et on en trouve plus facilement. Ce qui est important, c'est de bien le masser pour l'attendrir, sinon il est très dur à manger et à digérer. Associé à une sauce, c'est un régal. N'hésitez pas à le laisser un peu mariner, il n'en sera que meilleur. Le chou kale est riche en calcium et en antioxydants, un bon atout dans votre assiette.

Ingrédients

300 g de saumon (cuit ou fumé)
4 belles poignées de chou kale
2 avocats
1 concombre
2 petites carottes
2 c. à soupe de graines de courge ou de sésame
2 c. à soupe d'amandes effilées (optionnel)
Quelques cranberries séchées (optionnel, pour une touche sucrée)

Pour la sauce citron-tahini

2 c. à soupe de tahini
2 c. à soupe de jus de citron
2 c. à café de miel ou de sirop d'érable
2 c. à café de moutarde douce
2 c. à soupe d'eau (ajuster selon la consistance)
Sel, poivre

- Pour préparer le chou kale, retirer les tiges épaisses et couper les feuilles en petits morceaux. Masser avec un filet d'huile d'olive et une pincée de sel pendant 2 à 3 minutes pour l'attendrir.
- Pour le saumon, si c'est du saumon cuit, émietter délicatement. S'il est fumé, le couper en lanières.
- Pour la sauce, mélanger tous les ingrédients jusqu'à obtenir une texture lisse.
- Dans un grand bol, mélanger le chou kale avec le concombre, la carotte et l'avocat. Ajouter le saumon sur le dessus. Parsemer de graines de courge, amandes effilées et cranberries (si utilisées). Arroser de sauce et déguster !

L'astuce

Ajouter des pois chiches rôtis pour plus de protéines et de croquant.

SALADE CONCOMBRE, POIS CHICHES, FETA ET HERBES

Pour 4 personnes

C'est une salade que je prépare souvent l'été ou les jours où j'ai envie de fraîcheur et de croquant. J'adore le contraste entre le concombre juteux, les pois chiches fondants et la feta salée qui apporte une vraie touche gourmande. Elle est simple, rapide, équilibrée, et je la trouve parfaite quand je veux un déjeuner léger mais complet. Les légumineuses pour les fibres et les protéines, les bons gras de l'huile d'olive, les herbes fraîches pour le goût et la digestion : c'est une salade du quotidien, saine et efficace, comme je les aime. Parfaite en accompagnement d'une viande ou d'un poisson grillé ou bien en repas léger avec une tranche de pain sans gluten grillée (voir page 15 pour mon pain sans gluten express).

Ingrédients

1 concombre
1 boîte de pois chiches (250 g égouttés)
150 g de feta (ou feta végétale pour une version sans lactose)
10 tomates cerises
1 petit oignon rouge
1 poignée de persil frais
1 poignée de menthe fraîche
1 poignée de coriandre fraîche (optionnel)
1 citron
2 c. à soupe d'huile d'olive
1 c. à soupe de graines de sésame ou de graines de courge
1 c. à café de cumin en poudre
Sel, poivre

- Couper le concombre en petits dés, les tomates cerises en deux et émincer finement l'oignon rouge.
- Dans un grand saladier, mélanger les pois chiches égouttés, le concombre, les tomates et l'oignon rouge.
- Ajouter le jus de citron, l'huile d'olive, le cumin, du sel et du poivre. Mélanger délicatement.
- Émietter la feta par-dessus, parsemer de graines de sésame et ajouter les herbes fraîches ciselées.
- Mélanger légèrement et déguster bien frais.

L'avis de la nutritionniste

Cette salade fraîche et croquante est un véritable concentré de nutriments pour la peau et l'équilibre digestif. Le concombre, riche en eau et en silice, hydrate et améliore l'élasticité de la peau. Les pois chiches apportent des protéines végétales et des fibres, idéales pour une digestion saine et une peau éclatante. La feta, source de probiotiques naturels, soigne le microbiome intestinal, tandis que les herbes fraîches et le citron boostent l'absorption des antioxydants. Une recette simple, légère et savoureuse, parfaite pour nourrir le corps et la beauté de l'intérieur.

COLESLAW HAPPY GUT

Pour 4 personnes

Quand nous allons dans notre restaurant de burgers favoris, il y a toujours un petit extra de coleslaw. Ça apporte de la fraîcheur et je me dis que ça va m'aider à mieux digérer mon burger et mes frites ! J'ai imaginé cette version du coleslaw pour qu'il soit aussi bon pour la digestion qu'au goût. J'utilise du chou fermenté ou cru, selon mes envies, pour ses bienfaits sur le microbiome, et je remplace la traditionnelle sauce par une alternative plus légère, riche en bons gras et en acidité. C'est un accompagnement que je sers souvent avec une viande grillée ou dans un bowl, et qui apporte à la fois du croquant, de la fraîcheur et des fibres. Parfait pour prendre soin de son ventre sans sacrifier la gourmandise.

Ingrédients

200 g de chou blanc fermenté (choucroute nature non pasteurisée)
200 g de chou rouge
2 carottes
1 pomme verte
2 c. à soupe de graines de tournesol
30 g de noix ou de noisettes concassées
1 poignée de persil frais ciselé

Pour la sauce

1 c. à soupe de vinaigre de cidre
2 c. à soupe d'huile d'olive extra vierge
1 c. à café de moutarde à l'ancienne
1 c. à café de miel ou de sirop d'érable (optionnel)
Sel, poivre

- Émincer finement le chou rouge. Râper les carottes et la pomme verte.
- Dans un grand saladier, ajouter le chou rouge, les carottes, la pomme râpée et le chou fermenté égoutté.
- Dans un bol, mélanger le vinaigre de cidre, l'huile d'olive, la moutarde, le miel (si utilisé), du sel et du poivre.
- Verser la sauce sur le coleslaw, ajouter les graines de tournesol, les noix et le persil frais. Mélanger délicatement.
- Laisser reposer 10 minutes avant de déguster pour que les saveurs se mélangent bien.

L'avis de la nutritionniste

Ce coleslaw revisité est un véritable allié pour la santé digestive et l'équilibre du microbiome intestinal. Le chou fermenté est riche en probiotiques naturels, qui améliorent la flore intestinale et l'absorption des nutriments, ce qui se reflète directement sur l'éclat de la peau et l'énergie globale. Associé aux carottes croquantes, aux graines riches en fibres et aux bonnes graisses de l'huile d'olive et des noix, ce coleslaw est à la fois gourmand, nourrissant et bon pour l'intestin. Un plat frais, savoureux et ultra-bénéfique pour la digestion !

SALADE ÉPINARDS, CHAMPIGNONS ET MISO

Pour 4 personnes

C'est une salade que je prépare plutôt le soir, quand j'ai envie de quelque chose de léger, réchauffant et nourrissant à la fois. J'adore faire revenir les champignons avec un peu de pâte de miso pour leur donner une saveur umami réconfortante, qui se marie parfaitement avec la fraîcheur des épinards crus. Le miso, naturellement fermenté, est aussi excellent pour la santé intestinale et l'immunité, ce qui en fait un ingrédient que j'aime intégrer régulièrement dans ma cuisine. C'est une salade simple, mais pleine de bon sens nutritionnel et de profondeur de goût. Elle peut être accompagnée de quinoa ou d'un filet de poisson pour un repas complet et équilibré.

Ingrédients

200 g de jeunes pousses d'épinards
200 g de champignons (shiitake, champignons de Paris ou pleurotes)
1 avocat
1 petite poignée de noix ou de graines de courge
1 c. à soupe d'huile de sésame
1 c. à soupe de vinaigre de cidre
1 c. à soupe de miso blanc
1 c. à café de sauce tamari (sans gluten)
1 c. à café de miel ou de sirop d'érable (optionnel)
1 c. à café de gingembre râpé
Graines de sésame pour la finition

• Nettoyer et couper les champignons en lamelles. Les faire revenir dans une poêle avec l'huile de sésame à feu moyen pendant 5 minutes, jusqu'à ce qu'ils soient tendres.
• Dans un bol, mélanger le miso, le vinaigre de cidre, la sauce tamari, le miel (si utilisé) et le gingembre râpé.
• Dans un grand saladier, disposer les épinards, ajouter les champignons tièdes, l'avocat coupé en lamelles et les noix.
• Arroser avec la sauce miso et parsemer de graines de sésame.
• Mélanger délicatement et déguster immédiatement.

L'avis de la nutritionniste

Cette salade associe des ingrédients puissants pour la santé et la longévité. Les épinards sont riches en fer, en chlorophylle et en antioxydants qui protègent la peau et boostent l'énergie. Les champignons, sources naturelles de prébiotiques et de vitamine B, soutiennent l'immunité et l'équilibre intestinal. Le miso, un aliment fermenté riche en probiotiques, améliore la digestion et favorise un microbiome en pleine santé. Une assiette légère mais ultra-nourrissante, parfaite pour allier bien-être digestif et éclat de la peau.

SALADE CRUNCHY POULET ET POUSSES DE SOJA

Pour 4 personnes

Cette salade me rappelle un plat que je commandais souvent dans un petit restaurant asiatique près de chez moi, quand j'étais étudiante. Il y avait toujours ce mélange de croquant, de fraîcheur et de chaleur que j'adore encore aujourd'hui. J'ai voulu en faire une version maison, plus légère, plus équilibrée, mais tout aussi gourmande.

Ingrédients

2 filets de poulet bio
150 g de pousses de soja (haricots mungo)
1 carotte
1/2 chou chinois ou 150 g de chou blanc émincé
1 poignée de coriandre fraîche
1 poignée de menthe fraîche
1 poignée de noix de cajou concassées
1 c. à soupe de graines de sésame
2 c. à soupe d'huile de sésame
1 c. à soupe de sauce tamari (sans gluten)
1 c. à soupe de vinaigre de riz ou vinaigre de cidre
1 c. à café de miel ou sirop d'érable (optionnel)
1 c. à café de gingembre râpé
1 gousse d'ail hachée
1/2 citron vert

• Couper les filets en lanières. Les faire revenir dans une poêle avec 1 c. à soupe d'huile de sésame, l'ail et le gingembre râpé, jusqu'à ce qu'ils soient dorés et bien cuits. Ajouter la sauce tamari en fin de cuisson et mélanger.
• Râper la carotte et émincer finement le chou. Rincer les pousses de soja.
• Dans un bol, mélanger le vinaigre de riz, 1 c. à soupe d'huile de sésame, le jus de citron vert et le miel (si utilisé).
• Dans un grand saladier, disposer le chou, les carottes, les pousses de soja et les herbes fraîches ciselées. Ajouter le poulet chaud et arroser de sauce.
• Parsemer de noix de cajou concassées et de graines de sésame. Mélanger légèrement et servir aussitôt.

L'avis de la nutritionniste

Cette salade est un concentré de saveurs et de textures qui allie fraîcheur, croquant et bienfaits nutritionnels. Le poulet apporte des protéines, essentielles pour la régénération musculaire et la santé de la peau. Les pousses de soja et les légumes crus regorgent d'enzymes digestives et de fibres, favorisant un microbiome équilibré et une digestion optimale. La sauce aux notes asiatiques, à base de tamari et de gingembre, booste l'immunité et l'anti-inflammation naturelle du corps. Un repas léger, nutritif et énergisant, parfait pour nourrir le corps sans l'alourdir.

BOWL SAUMON ET PATATE DOUCE

Pour 4 personnes

Quand je suis en télétravail, j'adore déjeuner avec mon mari, c'est un petit moment rien qu'à nous. On se met en cuisine pour discuter et en général on assemble une sorte de bowl hyper complet et coloré avec ce qu'il y a dans le frigo. Quand j'aime quelque chose, je peux manger le même plat en boucle. C'est un peu le cas de cette recette ! C'est l'un des bowls que je prépare le plus souvent à la maison : il est simple, complet, nourrissant et coche toutes les cases de ce que j'attends d'un repas du quotidien. J'aime l'équilibre entre la patate douce rôtie, fondante et naturellement sucrée, et le saumon riche en oméga-3, grillé ou cuit au four. Je l'accompagne de crudités, d'herbes fraîches et parfois d'une sauce au citron ou au tahini, pour encore plus de saveurs. Dans ce genre de recette, je trouve que l'assaisonnement fait tout, il permet d'apporter la touche qui transforme une banale salade composée en un bowl super gourmand ! C'est un plat qui me donne l'impression de me faire du bien à chaque bouchée, tout en restant accessible et facile à préparer.

Ingrédients

400 g de saumon (frais ou cuit à la vapeur, au four, ou poêlé)
400 g de patate douce
8 poignées de jeunes pousses d'épinards (ou de la mâche, roquette...)
2 avocats
1 concombre
2 carottes
4 c. à soupe de graines de sésame ou de grenade (optionnel)
Coriandre (ou autre herbe)
Huile d'olive
Sel, poivre

La sauce qui fait tout

2 c. à soupe de tahini
2 c. à soupe de jus de citron
2 c. à café d'huile d'olive
1 c. à café de miel ou de sirop d'érable
2 c. à soupe d'eau (ajuster selon la consistance souhaitée)
2 pincées de sel rose d'Himalaya, poivre

- Pour cuire la patate douce, préchauffer le four à 200 °C. Mélanger les cubes de patate douce (d'une taille uniforme) avec un filet d'huile d'olive, du sel et du poivre. Enfourner 20 à 25 minutes jusqu'à ce qu'ils soient dorés et tendres.
- Pour préparer le saumon, assaisonner les filets avec sel, poivre, un filet de citron et cuire au four (180 °C pendant 12 minutes) ou à la poêle avec un peu d'huile d'olive.
- La sauce tahini est très facile à faire, on l'associe avec plein de choses à la maison ! Mélanger tous les ingrédients jusqu'à obtenir une texture lisse. Je veille à ce que l'eau soit légèrement tiède pour que la sauce s'épaississe bien. Ajuster selon la consistance souhaitée.
- Assembler le bowl : déposer les jeunes pousses d'épinards au fond du bol. Ajouter la patate douce rôtie, l'avocat, le concombre et la carotte râpée. Placer le saumon au centre. Parsemer de graines de sésame ou de grenade
- Arroser avec la sauce tahini et ajouter de la coriandre à volonté !

L'astuce

Vous pouvez remplacer les pousses d'épinards par de la mâche ou de la roquette qui est une source naturelle de fibres, extra pour la digestion. Le saumon peut être remplacé par des filets de poulet ou du thon en bocal.

BOWL CHOU-FLEUR TZATZIKI

Pour 4 personnes

Avec mon associé François nous allons régulièrement manger dans un restaurant d'inspiration israélienne. Ils servent notamment un chou-fleur rôti qui est à tomber. Ce bowl est né d'un mélange d'envies : quelque chose de végétal, léger, frais et très gourmand à la fois. J'adore rôtir le chou-fleur au four avec des épices douces pour lui donner une texture crousti-fondante, que je viens équilibrer avec un tzatziki végétal maison, ultra-rafraîchissant. Le résultat est à la fois digeste, rassasiant, riche en fibres et en bons gras, parfait pour un déjeuner léger mais complet, qui change un peu de l'ordinaire.

Ingrédients

1 petit chou-fleur
1 boîte de pois chiches (250 g égouttés)
1 c. à soupe d'huile d'olive
1 c. à café de cumin
1/2 c. à café de paprika doux
1 pincée de sel et poivre
1 poignée de persil frais ou de coriandre
2 c. à soupe de graines de courge

Pour le tzatziki

200 g de yaourt végétal nature (ou yaourt de brebis)
1/2 concombre râpé
1 gousse d'ail hachée
1 c. à soupe de jus de citron
1 c. à soupe d'huile d'olive
1 c. à soupe d'aneth ou de menthe fraîche ciselée
Sel, poivre

- Découper le chou-fleur en petits bouquets. Le cuire à la vapeur 10 minutes ou le rôtir au four avec un filet d'huile d'olive à 180 °C pendant 20 minutes pour plus de saveur.
- Mélanger les pois chiches avec l'huile d'olive, le cumin, le paprika, le sel et le poivre. Les étaler sur une plaque et les faire rôtir au four à 180 °C pendant 15 minutes.
- Mélanger le yaourt avec le concombre râpé, l'ail, le jus de citron, l'huile d'olive et les herbes fraîches. Assaisonner et laisser reposer au frais.
- Dans chaque assiette, disposer le chou-fleur rôti, les pois chiches croquants et une généreuse cuillère de tzatziki. Parsemer de graines de courge et d'herbes fraîches.
- Servir immédiatement avec un filet d'huile d'olive et du citron pour encore plus de saveur.

L'avis de la nutritionniste

Ce bowl est un véritable allié pour une digestion légère et une peau éclatante. Le chou-fleur, riche en fibres et en antioxydants, améliore le microbiome intestinal et aide à l'élimination des toxines. Le tzatziki, à base de yaourt fermenté et de concombre, apporte des probiotiques bénéfiques pour la flore digestive et l'hydratation de la peau. Complété par des pois chiches rôtis et des herbes fraîches, ce bowl est une explosion de saveurs et de nutriments, idéal pour un repas équilibré et anti-inflammatoire.

BOWL TEX-MEX BIEN-ÊTRE

Pour 4 personnes

C'est un de mes bowls préférés à préparer en famille, parce qu'il plaît à tout le monde – même à mes enfants, qui adorent son côté coloré et ludique. Je joue avec les textures : la patate douce rôtie, les haricots rouges, l'avocat fondant, le poulet bien assaisonné, un peu de quinoa pour compléter… Et chacun peut composer son propre bowl. C'est une façon simple de faire manger des légumes, des fibres et des protéines. C'est sain, complet, convivial – et toujours un succès à table.

Ingrédients

2 filets de poulet bio
200 g de quinoa
1 patate douce moyenne
200 g de haricots rouges cuits (ou en conserve, égouttés)
1 avocat
1/2 oignon rouge
1 poignée de coriandre fraîche
1 c. à soupe de graines de courge ou de sésame
1 c. à café de cumin
1/2 c. à café de paprika fumé
1 pincée de piment doux (optionnel)
2 c. à soupe d'huile d'olive
1 c. à soupe de jus de citron vert
Sel, poivre

• Éplucher et couper la patate douce en cubes. La cuire à la vapeur 15 minutes ou la rôtir au four avec un filet d'huile d'olive à 180 °C pendant 20 minutes.
• Rincer le quinoa sous l'eau froide, puis le cuire dans deux fois son volume d'eau pendant 12 minutes. Égoutter et réserver.
• Couper les filets en lanières et faire revenir celles-ci dans une poêle avec 1 c. à soupe d'huile d'olive, le cumin, le paprika, le piment, le sel et le poivre, jusqu'à ce qu'elles soient dorées et cuites à cœur (environ 8 minutes).
• Dans chaque assiette, disposer une base de quinoa, ajouter les haricots rouges, la patate douce rôtie, les morceaux de poulet et l'avocat coupé en tranches.
• Ajouter l'oignon rouge émincé, arroser de jus de citron vert et d'un filet d'huile d'olive, parsemer de coriandre et de graines de courge.
• Mélanger légèrement et savourer immédiatement.

L'avis de la nutritionniste

Ce bowl aux saveurs tex-mex est un concentré de nutriments essentiels pour l'énergie, la digestion et la santé de la peau. Les haricots rouges sont riches en fibres et en protéines végétales, favorisant un microbiome équilibré. Le poulet apporte des protéines complètes pour la régénération cellulaire, tandis que l'avocat et l'huile d'olive fournissent de bons gras qui nourrissent la peau en profondeur. La patate douce et le quinoa, sources de glucides complexes, assurent une énergie durable sans pics de glycémie. Un repas coloré, réconfortant et ultra-nourrissant !

GREEN GODDESS SALADE

Pour 4 personnes

Comme beaucoup, j'ai découvert cette salade sur les réseaux sociaux : elle est rapidement devenue virale, et je comprends pourquoi. J'ai tout de suite eu envie d'en faire une version maison, saine et équilibrée, avec des ingrédients simples et une sauce green goddess revisitée à ma façon. J'aime son côté ultra-frais, croquant, plein de chlorophylle, qui donne une vraie sensation de vitalité. C'est une salade que je prépare souvent quand j'ai envie de légèreté, de couleur et de verdure, sans pour autant renoncer à un repas complet. Un vrai shot de fraîcheur et de bien-être dans l'assiette. Personnellement, je l'adore avec un pavé de saumon grillé. Je pourrais manger ça tous les jours !

Ingrédients

1 laitue romaine ou 1 cœur de sucrine
1/2 concombre
1 avocat
1 poignée de jeunes pousses d'épinards
1 petite courgette crue
1 poignée de pois verts ou d'edamame
1 poignée de persil frais
1 poignée de basilic frais
2 c. à soupe de graines de courge ou de tournesol
2 c. à soupe d'huile d'olive
1 c. à soupe de vinaigre de cidre ou de jus de citron
1 c. à café de moutarde à l'ancienne
1 gousse d'ail hachée
2 c. à soupe de yaourt végétal (optionnel pour une sauce plus crémeuse)
Sel, poivre

- Laver et couper la laitue en morceaux. Émincer le concombre en fines rondelles et couper l'avocat en lamelles. Râper la courgette.
- Dans un grand saladier, disposer la laitue, les épinards, la courgette râpée, les pois verts et l'avocat. Parsemer de graines de courge et d'herbes fraîches ciselées.
- Mélanger l'huile d'olive, le vinaigre de cidre, la moutarde, l'ail haché, le yaourt végétal (si utilisé), du sel et du poivre.
- Verser la sauce sur la salade, mélanger délicatement et déguster immédiatement.

L'avis de la nutritionniste

Cette salade est un véritable shot de nutriments pour une peau éclatante et une digestion optimale. Riche en chlorophylle et en antioxydants, elle favorise la détoxification naturelle du corps et aide à lutter contre l'inflammation. Les légumes verts apportent des fibres pour améliorer le microbiome intestinal, tandis que l'avocat et les graines fournissent des bonnes graisses essentielles pour la régénération cellulaire. L'assaisonnement à base d'herbes fraîches et de citron booste l'absorption des vitamines, rendant ce plat aussi délicieux que revitalisant.

MA SALADE CÉSAR REVISITÉE

Pour 2 personnes

Quand je vais déjeuner à la brasserie en bas de nos bureaux, mon choix numéro 1, été comme hiver, c'est très souvent la salade César. Le petit hic, c'est que le poulet est pané et frit, la sauce assez riche et les croûtons de pain au gluten : coup de barre assuré pour les réunions de l'après-midi ! J'ai eu envie de recréer à la maison une version plus légère et équilibrée avec une sauce crémeuse ultra-protéinée. Résultat : une salade César plus légère, plus digeste et plus équilibrée, sans perdre ce côté gourmand et réconfortant qui fait tout son charme. J'ai travaillé une sauce crémeuse mais sans lactose, j'ai remplacé les croûtons classiques par une version plus riche en fibres, et j'utilise du poulet rôti bien assaisonné pour garder des protéines de qualité.

Ingrédients

2 filets de poulet bio (env. 250 g)
1 petite tête de laitue romaine (ou un mélange de laitues croquantes)
1 petite poignée de jeunes pousses d'épinards (optionnel)
1/2 avocat (coupé en dés ou en tranches)
1 tranche de pain sans gluten (coupée en dés pour des croûtons maison)
1 c. à soupe d'huile d'olive
1 c. à café de paprika fumé
1 c. à café d'ail en poudre
1 c. à soupe de graines de tournesol ou de pignons de pin
Du parmesan (affinage plus de 24 mois)

Pour la sauce César légère

2 c. à soupe de skyr (ou de yaourt végétal pour une option sans lactose)
2 anchois
1 c. à café de moutarde
1 c. à soupe de jus de citron
1 c. à café de sauce tamari (sans gluten)
1 c. à café d'huile d'olive
1 petite gousse d'ail râpée
Sel, poivre

- Assaisonner les filets de poulet avec le paprika fumé, l'ail en poudre, le sel et le poivre. Faire chauffer un filet d'huile d'olive dans une poêle et cuire le poulet 4 à 5 minutes de chaque côté jusqu'à ce qu'il soit doré et bien cuit.
- Laisser reposer puis couper en tranches.
- Couper le pain en petits dés et les faire revenir dans une poêle avec un peu d'huile d'olive jusqu'à ce qu'ils soient dorés et croustillants.
- Mélanger tous les ingrédients de la sauce dans un bol jusqu'à obtenir une consistance onctueuse. Ajuster l'assaisonnement si besoin.
- Disposer la laitue et les jeunes pousses d'épinards dans un saladier. Ajouter les morceaux d'avocat, les croûtons et les graines de tournesol. Déposer le poulet tranché par-dessus. Arroser généreusement de sauce et saupoudrer de parmesan.

L'astuce

Ajouter des câpres ou des algues en paillettes pour un goût umami rappelant les anchois de la recette originale ! Les anchois sont riches en protéines et en oméga-3 essentiels au bon fonctionnement de l'organisme. Et si comme moi vous adorez le parmesan, choisissez-le avec un affinage de plus de 24 mois. Il devient ainsi très pauvre en lactose.

SALADE DE QUINOA, ROQUETTE ET SAUMON FUMÉ

Pour 4 personnes

C'est une salade que je fais souvent quand j'ai envie d'un repas rapide mais structurant, sans avoir à cuisiner au dernier moment. J'aime beaucoup associer le quinoa et les pois chiches, qui forment une base végétale riche en protéines et très rassasiante. Le saumon fumé apporte ce côté salé, intense, qui relève l'ensemble sans trop en faire. Je l'associe à des herbes fraîches, du citron, parfois un peu de roquette... C'est une salade équilibrée, élégante et pleine de bons nutriments, que je prépare aussi bien pour un déjeuner à la maison que pour emporter.

Ingrédients

200 g de quinoa
200 g de pois chiches cuits (ou en conserve, égouttés)
150 g de saumon fumé
1/2 concombre
10 tomates cerises
1/2 oignon rouge
1 poignée de persil ou de coriandre fraîche
1 poignée de roquette
2 c. à soupe de graines de courge ou de sésame

Pour la vinaigrette

2 c. à soupe d'huile d'olive
1 c. à soupe de jus de citron
1 c. à soupe de vinaigre de cidre
1 c. à café de moutarde à l'ancienne
Sel, poivre noir

- Rincer le quinoa sous l'eau froide, puis le cuire dans deux fois son volume d'eau pendant 12 minutes. Égoutter et laisser tiédir.
- Couper le concombre en petits dés, les tomates cerises en deux et émincer finement l'oignon rouge.
- Couper le saumon en lanières ou petits morceaux.
- Dans un grand saladier, mélanger le quinoa, les pois chiches, les légumes, la roquette et le saumon fumé. Parsemer de graines et d'herbes fraîches.
- Mélanger tous les ingrédients de la vinaigrette et verser sur la salade.
- Mélanger délicatement et déguster immédiatement.

L'avis de la nutritionniste

Cette salade est un parfait équilibre entre protéines, bonnes graisses et fibres, idéale pour la digestion, l'énergie et la beauté de la peau. Le quinoa est une excellente source de protéines végétales et d'acides aminés essentiels, tandis que les pois chiches apportent des fibres et du magnésium pour un microbiome en pleine santé. Le saumon fumé, riche en oméga-3 et en antioxydants, favorise une peau lumineuse et une inflammation réduite. Associée à une vinaigrette au citron et à des herbes fraîches, cette salade est un vrai concentré de nutriments essentiels.

SALADE PÊCHE, AVOCAT ET CREVETTES

Pour 4 personnes

C'est mon mari, bien plus aventurier que moi en cuisine (je vous l'ai dit, je pourrais manger tous les jours la même chose ou presque !), qui m'a fait découvrir le mélange de la pêche avec une salade burrata qu'il fait dès que l'été revient et qui est incroyable. Depuis, j'adore l'idée de mélanger des fruits d'été à des ingrédients salés et riches comme les crevettes ou l'avocat. C'est une salade que je prépare dès que les premières pêches bien juteuses arrivent sur les étals. Il y a quelque chose de très vivant, de joyeux dans cette assiette, à la fois fraîche, colorée et nourrissante. Elle me donne l'impression d'être en vacances, même au cœur d'une journée de travail.

Ingrédients

200 g de crevettes cuites et décortiquées
2 pêches mûres mais fermes
1 avocat
100 g de roquette ou de jeunes pousses d'épinards
1 poignée de noix de pécan ou d'amandes effilées
1 poignée de basilic frais
1 c. à soupe de graines de sésame

Pour la vinaigrette

2 c. à soupe d'huile d'olive extra vierge
1 c. à soupe de vinaigre balsamique blanc ou de jus de citron vert
1 c. à café de miel ou de sirop d'érable
1/2 c. à café de gingembre râpé
Sel, poivre

- Couper les pêches et l'avocat en fines tranches.
- Dans un grand saladier, disposer la roquette, ajouter les crevettes, les pêches, l'avocat et parsemer de noix de pécan concassées, de graines de sésame et de basilic frais.
- Mélanger tous les ingrédients de la vinaigrette et verser sur la salade.
- Mélanger délicatement et déguster immédiatement.

Note

Pour remplacer les crevettes :

- Filets de poulet grillé (froid, tranché finement), pour une option protéinée neutre, qui fonctionne très bien avec les fruits.
- Saumon fumé ou saumon mi-cuit, pour garder une touche iodée mais plus douce que les crevettes.
- Feta ou mozzarella végétale, si on souhaite une version végétarienne tout en gardant du crémeux et du contraste.
- Tofu grillé ou mariné, pour une version végétale riche en protéines, à assaisonner avec un peu de citron et d'herbes.
- Œufs mollets ou durs, pour une alternative douce et complète.

L'avis de la nutritionniste

Cette salade allie fraîcheur, douceur et bienfaits nutritionnels pour une peau éclatante et une digestion légère. Les crevettes sont une excellente source de protéines maigres et d'antioxydants comme l'astaxanthine, connue pour protéger la peau du stress oxydatif. L'avocat apporte des acides gras essentiels qui nourrissent la barrière cutanée, tandis que la pêche, riche en vitamine C et en fibres, favorise l'hydratation et le renouvellement cellulaire. Une recette estivale, gourmande et pleine de vitalité !

BOWL QUINOA, FALAFELS ET TAHINI

Pour 4 personnes

Ce bowl est un de mes grands classiques du midi : nourrissant, végétal, équilibré et très satisfaisant. J'adore la texture des falafels maison, croustillants à l'extérieur, moelleux à l'intérieur, associés à une base de quinoa riche en protéines végétales et en fibres. Le tout est relevé par une sauce tahini-citron que je prépare presque les yeux fermés tant je l'utilise au quotidien. Vous pouvez bien sûr utiliser des falafels tout prêts, regardez simplement la composition car il y a parfois beaucoup d'additifs ou de sucres pas nécessaires. C'est un bowl que je fais souvent quand j'ai envie de recharger mes batteries sans me sentir alourdie, et qui coche toutes les cases du bien-être : satiété, énergie stable, microbiome heureux et peau éclatante.

Ingrédients

Pour les falafels

1 boîte de pois chiches (250 g égouttés)
1 petite gousse d'ail
1/2 oignon rouge
1 poignée de coriandre fraîche
1 poignée de persil frais
1 c. à café de cumin
1/2 c. à café de curcuma
1 c. à soupe de farine de pois chiches (ou farine de riz)
1 c. à soupe d'huile d'olive
Sel, poivre

Pour le bowl

200 g de quinoa
1/2 concombre
10 tomates cerises
1 petite poignée de roquette
1 avocat
1 poignée de graines de sésame ou de courge

Pour la sauce tahini

2 c. à soupe de tahini (purée de sésame)
1 c. à soupe de jus de citron
1 c. à soupe d'eau tiède
1/2 c. à café de cumin
Sel, poivre

- Mixer les pois chiches avec l'ail, l'oignon, les herbes, le cumin, le curcuma, la farine, le sel et le poivre jusqu'à obtenir une pâte homogène. Former des petites boules, les aplatir légèrement et les faire dorer à la poêle avec un peu d'huile d'olive pendant 5 minutes de chaque côté.
- Rincer le quinoa sous l'eau froide, puis le cuire dans deux fois son volume d'eau pendant 12 minutes. Égoutter et laisser tiédir.
- Couper le concombre et l'avocat en tranches, couper les tomates cerises en deux.
- Mélanger tous les ingrédients de la sauce tahini dans un bol jusqu'à obtenir une texture crémeuse. Ajuster avec un peu d'eau si besoin.
- Disposer le quinoa dans chaque assiette, ajouter les falafels, les légumes, la roquette et parsemer de graines. Arroser de sauce tahini.
- Déguster immédiatement, accompagné d'un filet de citron pour encore plus de fraîcheur.

L'avis de la nutritionniste

Ce bowl végétarien est une excellente source de protéines complètes et d'acides gras essentiels, idéals pour la régénération cellulaire, la vitalité et une peau éclatante. Le quinoa, qui contient tous les acides aminés essentiels, est une alternative parfaite aux céréales raffinées. Les falafels aux pois chiches apportent des fibres et des protéines végétales qui favorisent une digestion saine et un microbiome équilibré. La sauce tahini, riche en calcium et en bonnes graisses, soutient la fonction cognitive et l'élasticité de la peau. Une assiette ultra-gourmande, rassasiante et nourrissante pour le corps et l'esprit !

BOWL FREEKEH, BETTERAVES, SARDINES ET PATATES DOUCES

Pour 4 personnes

C'est un bowl que j'adore pour son originalité, sa richesse nutritionnelle et son côté très « cuisine de bon sens ». Le freekeh, une céréale ancienne riche en fibres et pauvre en gluten, me plaît pour sa texture et sa digestibilité. Je l'ai découverte lors de notre collaboration AIME avec une chaîne de restaurants. Nous avions imaginé plusieurs recettes bien-être dont une salade à base de freekeh. Cela change du quinoa ! J'y associe des betteraves rôties, des patates douces fondantes et des sardines, que je trouve sous-cotées alors qu'elles sont pleines de bons oméga-3, de calcium et de protéines. C'est un plat qui nourrit vraiment, dans tous les sens du terme : rassasiant, anti-inflammatoire, bon pour le cerveau et la peau, et ultra-simple à préparer.

Ingrédients

200 g de freekeh (ou quinoa pour une version sans gluten)
2 betteraves cuites
2 patates douces moyennes
1 boîte de sardines à l'huile d'olive (4 sardines env.)
1 poignée de roquette ou jeunes pousses d'épinards
1 c. à soupe de graines de courge
1/2 citron
1 c. à soupe d'huile d'olive
1 c. à café de cumin
1/2 c. à café de paprika fumé
Sel, poivre

• Rincer le freekeh et le cuire dans deux fois son volume d'eau pendant 15 à 20 minutes jusqu'à ce qu'il soit tendre. Égoutter et réserver.
• Éplucher les patates douces, les couper en cubes et les rôtir au four à 180 °C pendant 25 minutes avec un filet d'huile d'olive, du cumin, du paprika, du sel et du poivre.
• Couper les betteraves en petits dés ou en lamelles.
• Dans chaque assiette, disposer une base de freekeh, ajouter les patates douces rôties, les betteraves, la roquette et les sardines égouttées et émiettées.
• Arroser de jus de citron et d'un filet d'huile d'olive, parsemer de graines de courge et servir immédiatement.

L'astuce

Ce bowl est un concentré de nutriments essentiels pour l'énergie, la régénération cellulaire et une peau éclatante. Le freekeh, une céréale ancienne riche en fibres et en protéines, favorise une digestion optimale et maintient une glycémie stable. Les betteraves, pleines d'antioxydants et de nitrates naturels, boostent la circulation et l'oxygénation des cellules, apportant ainsi un « glow » naturel à la peau. Les sardines, riches en oméga-3 et en vitamine D, améliorent la fonction cérébrale, l'immunité et la santé de la barrière cutanée. Quant aux patates douces, elles sont une excellente source de bêta-carotène, transformé en vitamine A pour une peau lumineuse et protégée. Un bowl complet, nourrissant et délicieux !

SALADE DE RIZ CROUSTILLANT, CONCOMBRE ET COCO AMINOS

Pour 4 personnes

Il y a toujours du riz cuit dans notre frigo. Mon fils aîné pourrait se nourrir exclusivement de cela, donc on est équipés ! Cette recette est née d'un reste de riz que j'ai fait griller à la poêle un jour où je voulais vider le frigo. Le résultat m'a tellement plu que c'est devenu une recette à part entière. J'adore le riz croustillant, presque caramélisé, combiné à des ingrédients frais, croquants et parfumés comme le concombre, les herbes et les coco aminos. C'est une salade pleine de texture, d'umami, d'équilibre, que je refais dès que j'ai besoin de changer un peu de mes bowls habituels. Simple mais vraiment savoureuse, elle coche aussi toutes les cases côté bien-être : index glycémique modéré, digestion légère et plaisir à chaque bouchée.

Ingrédients

200 g de riz basmati ou riz jasmin (précuit et refroidi)
1 concombre
1 avocat
2 oignons nouveaux
1 poignée de coriandre fraîche
2 c. à soupe de noix de cajou concassées
1 c. à soupe de graines de sésame
1 c. à soupe d'huile de coco
1/2 c. à café de piment en flocons (optionnel)

Pour l'assaisonnement

2 c. à soupe de coco aminos
1 c. à soupe d'huile de sésame toasté
1 c. à soupe de vinaigre de riz
1 c. à café de gingembre râpé
1 c. à café de miel ou sirop d'érable
1/2 citron vert

- Dans une poêle, chauffer l'huile de coco et y faire revenir le riz précuit à feu moyen jusqu'à ce qu'il devienne légèrement croustillant (environ 8 minutes). Laisser tiédir.
- Couper le concombre en fines rondelles, l'avocat en lamelles et émincer les oignons nouveaux.
- Mélanger le coco aminos, l'huile de sésame, le vinaigre de riz, le gingembre râpé, le miel et le jus de citron vert.
- Dans un grand saladier, mélanger le riz croustillant avec le concombre, l'avocat, les oignons nouveaux et la coriandre ciselée.
- Arroser de la sauce, ajouter les noix de cajou concassées, les graines de sésame et le piment en flocons (si utilisé).
- Mélanger délicatement et servir immédiatement.

SALADE BROCOLI ET SÉSAME

Pour 4 personnes

Une salade parfaite en accompagnement ou en déjeuner léger, surtout quand j'ai envie de croquant, de verdure et d'un petit twist asiatique. J'adore le brocoli légèrement croquant, simplement blanchi ou rôti, que je nappe d'une sauce au sésame douce et parfumée. C'est une recette ultra-simple, mais qui apporte énormément en termes de nutriments, de fibres, de bons gras et de goût. Elle me donne l'impression de manger quelque chose de très vivant, anti-inflammatoire et énergisant, tout en restant très facile à préparer au quotidien. Avec un morceau de bœuf nourri à l'herbe, c'est le déjeuner parfait.

Ingrédients

1 tête de brocoli (env. 400 g)
1 carotte
2 oignons nouveaux
1 poignée de coriandre fraîche
2 c. à soupe de graines de sésame grillées
1 c. à soupe de noix de cajou ou d'amandes concassées

Pour la sauce

2 c. à soupe d'huile de sésame toasté
1 c. à soupe de sauce tamari (sans gluten)
1 c. à soupe de vinaigre de riz ou de cidre
1 c. à café de miel ou de sirop d'érable
1 c. à café de gingembre râpé
1/2 c. à café de piment en flocons (optionnel)

- Couper le brocoli en petites fleurettes et les blanchir 2 minutes dans l'eau bouillante salée, puis les plonger dans un bain d'eau glacée pour qu'elles conservent leur couleur et leur croquant. Égoutter et réserver.
- Râper la carotte et émincer les oignons nouveaux.
- Mélanger tous les ingrédients de la sauce dans un bol.
- Dans un saladier, mélanger le brocoli, la carotte râpée, les oignons nouveaux et la coriandre. Ajouter les graines de sésame et les noix concassées.
- Arroser de sauce, bien mélanger et déguster immédiatement.

L'astuce

Cette salade est un concentré de nutriments essentiels pour la santé cellulaire, la digestion et l'éclat de la peau. Le brocoli, riche en sulforaphane, est un puissant antioxydant qui favorise la détoxification du foie et aide à prévenir le vieillissement cutané. Les graines de sésame, pleines de calcium et de bons gras, améliorent la régénération cellulaire et la santé osseuse. Avec une touche de gingembre et de tamari pour booster l'immunité et la digestion, cette salade est à la fois savoureuse, énergisante et ultra-bénéfique pour la longévité.

BOWL MACRO

Pour 4 bowls

Ce bowl d'inspiration macrobiotique repose sur un équilibre entre glucides complexes, protéines végétales, bons gras et légumes cuits. Il favorise une digestion stable, un bon niveau d'énergie tout au long de la journée et un fonctionnement optimal du microbiome. Une approche qui m'influence beaucoup dans ma façon de composer mes assiettes. Il combine protéines, céréales complètes, légumes cuits et crus, avec un bon équilibre entre les textures et les saveurs. J'aime le préparer quand j'ai besoin de revenir à l'essentiel, de me recentrer, de manger quelque chose de profondément nourrissant mais très apaisant pour le système digestif. C'est une assiette simple, équilibrée, qui est bénéfique le corps sans le brusquer. Un vrai repas ancrant, que je fais régulièrement. Les aliments sont choisis pour leur densité nutritionnelle et leur capacité à nourrir profondément le corps sans l'inflammer.

Ingrédients

300 g de riz complet ou de quinoa
400 g de pois chiches cuits
2 patates douces moyennes
1 petit chou rouge
4 carottes
2 grosses poignées de jeunes pousses d'épinards ou de roquette
2 c. à soupe d'huile de coco
2 c. à soupe de graines de sésame
2 à 3 c. à soupe de tamari (sans gluten)
Sel, poivre, jus de citron ou vinaigre de riz (pour équilibrer, optionnel)

Pour la sauce

4 c. à soupe de tahini (purée de sésame)
2 c. à soupe de jus de citron
2 à 3 c. à soupe d'eau tiède (ajuster selon la consistance souhaitée)
2 c. à café de sirop d'érable
1/2 c. à café de gingembre en poudre (ou 1 cm de gingembre frais râpé)
Sel, poivre au goût

- Cuire le riz ou le quinoa selon les indications du paquet. Réserver.
- Éplucher la patate douce, la couper en cubes et la rôtir 25 minutes à 180 °C avec un peu d'huile de coco.
- Émincer le chou rouge et le faire revenir rapidement à la poêle avec un peu de tamari pour l'attendrir sans le cuire complètement.
- Râper les carottes. Réchauffer légèrement les pois chiches à la poêle avec un filet d'huile de coco et une pincée de cumin (optionnel).
- Mélanger tous les ingrédients de la sauce dans un bol jusqu'à obtention d'une texture crémeuse.
- Dans chaque bol, disposer une base de riz ou quinoa, ajouter les pois chiches, la patate douce, le chou rouge, les carottes râpées et les pousses d'épinards.
- Napper de sauce tahini, parsemer de graines de sésame et servir.

LES ALLIÉS DE L'INTESTIN

Notre intestin est bien plus qu'un simple organe digestif : il joue un rôle central dans notre immunité, notre métabolisme et même notre humeur. Au cœur de son fonctionnement, un écosystème complexe et fascinant : le microbiote intestinal. Composé de milliards de micro-organismes – bactéries, levures, virus et autres microbes –, il influence directement notre santé globale et notre longévité. Préserver son microbiote, c'est investir dans sa santé à long terme.

Un microbiote déséquilibré est aujourd'hui reconnu comme un facteur-clé dans le vieillissement prématuré et de nombreuses maladies chroniques.

À l'inverse, un intestin en bonne santé favorise un organisme résilient, une immunité renforcée, une digestion fluide, une peau éclatante (ce n'est pas pour rien que notre mantra AIME est *happy gut, happy skin!*) et une énergie durable. **Dans ce chapitre, nous allons explorer comment prendre soin de cet équilibre fragile grâce à une alimentation adaptée et à des habitudes simples mais efficaces.**

Microbiote et santé digestive

LE MICROBIOTE, UN ACTEUR-CLÉ DU VIEILLISSEMENT ET DE LA SANTÉ GLOBALE

Le microbiote intestinal est souvent comparé à un jardin dont nous devons prendre soin. Lorsqu'il est équilibré, il assure plusieurs fonctions essentielles.

Une digestion optimale : il permet d'assimiler correctement les nutriments et de fermenter certaines fibres alimentaires pour produire des acides gras à chaîne courte, bénéfiques pour l'intestin.

Un système immunitaire renforcé : 70 % de nos cellules immunitaires résident dans l'intestin, et un microbiote sain aide à moduler l'inflammation.

Une peau plus éclatante : l'intestin et la peau sont intimement liés par l'axe intestin-peau. Un déséquilibre du microbiote peut se traduire par de l'acné, de la sécheresse ou une peau terne.

Un métabolisme équilibré : certaines bactéries intestinales influencent la gestion du poids, la régulation de la glycémie et la production d'hormones.

Un cerveau plus performant : l'intestin est souvent qualifié de « deuxième cerveau » en raison de la connexion directe entre le microbiote et le système nerveux via le nerf vague. Un microbiote sain contribue à une meilleure gestion du stress et des émotions.

> Avec l'âge, la diversité du microbiote tend à diminuer, ce qui peut favoriser l'inflammation chronique et accélérer le vieillissement. Il est donc essentiel d'adopter une alimentation et un mode de vie qui préservent cet équilibre.

RECONNAÎTRE UN MICROBIOTE DÉSÉQUILIBRÉ

Lorsque le microbiote intestinal est perturbé, le corps envoie souvent des signaux clairs – encore faut-il savoir les repérer. Voici les plus fréquents.

Troubles digestifs persistants (ballonnements, constipation, diarrhée, reflux)

Fatigue chronique, troubles de la concentration

Fragilité immunitaire (infections à répétition, inflammations)

Problèmes de peau (eczéma, imperfections, rougeurs)

Hypersensibilité alimentaire

Prise de poids inexpliquée ou résistance à la perte de poids

Ces signes ne doivent pas être ignorés : ils reflètent souvent un déséquilibre profond de la flore intestinale, qui peut à long terme favoriser l'apparition de troubles inflammatoires ou métaboliques

Aujourd'hui, des analyses précises permettent d'explorer la composition du microbiote et d'objectiver ce déséquilibre : analyse de selles, sérologies, recherche de marqueurs inflammatoires ou de candidoses intestinales, selon les cas. Ces explorations doivent être encadrées par un professionnel de santé.

> Nos microbiotes sont, chez la plupart d'entre nous, en situation de déséquilibre. La bonne nouvelle, c'est que l'on peut agir efficacement et mettre en place des changements simples mais durables.

Voici quelques règles de base à suivre.

1 PRIVILÉGIER LES ALIMENTS À INDEX GLYCÉMIQUE[1] BAS

Parmi lesquels : légumineuses, céréales complètes, légumes verts.

2 RÉDUIRE LES GRAISSES INDUSTRIELLES (TRANS)

Et en parallèle, augmenter les bonnes graisses, notamment les oméga-3.

3 CONSOMMER DES VÉGÉTAUX RICHES EN ANTIOXYDANTS ET EN MICRONUTRIMENTS

Parmi lesquels : légumes crus ou peu cuits, herbes, épices.

4 EN FONCTION DES BESOINS INDIVIDUELS

Rechercher d'éventuelles intolérances alimentaires, carences en vitamines, minéraux ou oligo-éléments, et corriger les déséquilibres identifiés via un changement d'alimentation et des compléments alimentaires si besoin.

Rééquilibrer son microbiote, c'est renforcer à la fois son système digestif, son immunité, son énergie... et sa santé à long terme.

[1] L'index glycémique (IG) mesure la capacité d'un aliment contenant des glucides à élever la glycémie (taux de sucre dans le sang) après ingestion. Plus l'IG est élevé, plus la glycémie augmente rapidement. À l'inverse, un IG bas entraîne une élévation plus lente et modérée, favorisant une meilleure stabilité énergétique, une régulation de l'appétit, et limitant les pics d'insuline. Sur le long terme, privilégier des aliments à IG bas contribue à prévenir le surpoids, le diabète de type 2, et l'inflammation chronique.

Les aliments fermentés et prébiotiques : piliers d'un intestin en bonne santé

L'alimentation joue un rôle essentiel dans l'entretien du microbiote. Deux types d'aliments sont particulièrement bénéfiques : les probiotiques, qui apportent de bonnes bactéries, et les prébiotiques, qui nourrissent ces bactéries.

LES PROBIOTIQUES : RENFORCER LA DIVERSITÉ DU MICROBIOTE

Les aliments fermentés sont une source naturelle de probiotiques. En les consommant régulièrement, nous enrichissons notre flore intestinale avec des micro-organismes bénéfiques qui favorisent un équilibre optimal.

Yaourt et kéfir : riches en lactobacilles et bifidobactéries

Choucroute et kimchi : légumes fermentés qui stimulent la digestion

Miso et tempeh : produits fermentés issus du soja, excellents pour la flore intestinale

Kombucha : boisson fermentée à base de thé, riche en probiotiques naturels

Ces aliments sont particulièrement intéressants car ils améliorent la digestion, réduisent l'inflammation intestinale et renforcent le système immunitaire.

LES PRÉBIOTIQUES : NOURRIR LES BONNES BACTÉRIES

Les prébiotiques sont des fibres spécifiques qui servent de nourriture aux bonnes bactéries intestinales. En favorisant leur croissance, ils contribuent à un microbiote diversifié et en bonne santé.

Légumes riches en fibres : artichaut, poireau, asperges, oignon, ail

Fruits : banane (surtout verte), pommes, baies

Légumineuses : pois chiches, lentilles, haricots rouges

Graines et oléagineux : amandes, graines de chia, graines de lin

> Un bon équilibre entre probiotiques et prébiotiques permet de maximiser les bénéfices pour la santé intestinale et de limiter les risques d'inflammation chronique.

Les bons réflexes au quotidien pour prendre soin de sa santé intestinale

Prendre soin de son microbiote, c'est poser chaque jour les bons gestes. Voici une feuille de route simple, efficace et durable.

1 MISER SUR LE NATUREL ET LE NON-TRANSFORMÉ

Privilégier les aliments bruts, non modifiés, et limiter les produits ultra-transformés riches en sucres cachés, farines raffinées, additifs ou édulcorants artificiels.

2 RÉDUIRE LES ALIMENTS IRRITANTS POUR L'INTESTIN

Limiter les sucres rapides, l'alcool, les anti-inflammatoires ou antibiotiques, qui perturbent l'équilibre de la flore et fragilisent la barrière intestinale.

3 VARIER SON ALIMENTATION

Une alimentation diversifiée nourrit une grande variété de bonnes bactéries. Alterner légumes crus et cuits, céréales complètes, légumineuses, protéines variées et épices digestives.

4 MANGER LENTEMENT ET BIEN MASTIQUER

La digestion commence dans la bouche. Une mastication lente améliore l'absorption des nutriments et soulage le système digestif.

5 HYDRATER SON SYSTÈME DIGESTIF

Boire de l'eau tout au long de la journée, et intégrer des tisanes aux plantes digestives (fenouil, gingembre, camomille) qui apaisent l'intestin et favorisent un bon transit.

6 RENFORCER SA FLORE AVEC DES SYMBIOTIQUES

Associer des prébiotiques (fibres alimentaires, légumes, légumineuses) à des probiotiques.
Nos compléments alimentaires AIME à base de probiotiques de haute qualité sont pensés pour soutenir l'équilibre du microbiote au quotidien.

7 SOUTENIR LA BARRIÈRE INTESTINALE

Intégrer des aliments riches en L-glutamine (notamment via la supplémentation si besoin grâce à notre formule Barrier+), en oméga-3 (petits poissons gras, huile de colza, 15 noix par jour) et en antioxydants (curcuma, gingembre, légumes colorés...).

8 LUTTER CONTRE L'EXCÈS D'ACIDITÉ INTESTINALE

Miser sur des légumes cuits, des salades douces, et des plantes digestives comme le cumin, l'anis ou le fenouil. Mastiquer soigneusement pour bénéficier de l'effet alcalinisant de la salive.

9 APAISER L'AXE INTESTIN-CERVEAU

Le stress chronique impacte directement le microbiote. Intégrer des pratiques de relaxation comme la cohérence cardiaque, la méditation ou le yoga. Un bon sommeil est également essentiel.

10 SOUTENIR L'ORGANISME AVEC LES PLANTES

L'aubier de tilleul en décoction pour favoriser l'élimination et la digestion.
Achillée, ortie, souci, camomille allemande en infusions douces pour apaiser les muqueuses intestinales.

PLATS

SAUMON MISO ET RIZ NOIR

Pour 4 personnes

J'ai une passion pour le miso. Ce condiment salé très utilisé dans la cuisine traditionnelle japonaise, est un superaliment probiotique. De par sa nature fermentée, il apporte de nombreux bienfaits. Il favorise notamment la digestion et l'équilibre de la flore intestinale. Dès que je vois un *black cod* miso ou un saumon miso à la carte d'un restaurant, vous pouvez être sûr que c'est ce que je vais commander. Mes enfants adorent le saumon préparé ainsi et c'est souvent un de nos plats favoris du week-end !

Ingrédients

4 pavés de saumon frais
80 g de riz noir
2 courgettes
1 poivron rouge
2 oignons nouveaux
2 c. à soupe de graines de sésame

Pour la marinade miso

1 c. à soupe de pâte de miso blanc
1 c. à café de sauce soja
1 c. à café de miel ou de sirop d'érable
1 c. à café de vinaigre de riz
1 c. à café d'huile de sésame
1 petit morceau de gingembre râpé
1 gousse d'ail râpée (optionnel)

- Rincer le riz à l'eau froide et le cuire dans deux fois son volume d'eau pendant 25 à 30 minutes jusqu'à ce qu'il soit tendre. Égoutter et réserver.
- Pour préparer le saumon, mélanger tous les ingrédients de la marinade. En badigeonner le saumon et laisser mariner 10 à 15 minutes (ou idéalement 1 heure au réfrigérateur).
- Préchauffer le four à 180 °C et cuire le saumon 10 à 12 minutes, jusqu'à ce qu'il soit légèrement caramélisé.
- Pour l'accompagnement, faire revenir la courgette et le poivron dans un peu d'huile d'olive à feu moyen pendant 5 minutes, jusqu'à ce qu'ils soient légèrement dorés mais encore croquants.
- Déposer le riz noir dans un bol ou une assiette. Ajouter les légumes sautés et le saumon miso. Parsemer d'oignon nouveau émincé et de graines de sésame.
- Pour encore plus de saveur, ajouter un filet de citron vert et des herbes fraîches (coriandre ou ciboulette).

L'avis de la nutritionniste

Le miso est une pâte au goût très prononcé. Il est peu calorique et très riche en protéines végétales d'excellente qualité nutritive. À l'instar de celles du soja, elles sont les seules, dans le règne végétal, à contenir tous les acides aminés essentiels à leur bonne utilisation par l'organisme, et sont donc aussi bien assimilées que les protéines de viande ou de poisson.

PÂTES AUX BOULETTES

Pour 4 personnes

J'adore les pâtes. Étudiante, dans mon studio, je me nourrissais exclusivement de pâtes avec du jambon mouliné et une montagne de gruyère que je râpais avec un moulin, comme ma grand-mère me les préparait quand je venais chez elle. Quand j'ai envie de réconfort, je pense pâtes ! Et la bonne nouvelle, c'est qu'avec toutes les alternatives sans gluten disponibles, je peux me faire un bon plat de pâtes sans redouter les effets secondaires du gluten (inflammation, ballonnements etc.). Ce plat est riche en protéines maigres, en lycopène (grâce à la tomate cuite) et en fibres, surtout si on opte pour des pâtes de légumineuses ou de petit épeautre. Les épices et herbes aromatiques renforcent l'effet anti-inflammatoire et favorisent la digestion. J'adore cette recette (piquée à mon mari) hyper réconfortante et parfaite pour un dîner savoureux et digeste. Validée par mes enfants !

Note

Attention, les pâtes sans gluten sont souvent un mélange de maïs et de riz, donc l'indice glycémique peut rapidement être élevé. J'aime bien prendre des pâtes au petit épeautre variété non hybridée Hildegarde. C'est un blé très ancien et naturellement pauvre en gluten.

Préparer les boulettes

- Mélanger la viande de dinde avec l'œuf, la farine, le persil, l'ail en poudre, l'origan, le paprika, le sel et le poivre.
- Former des petites boulettes (environ la taille d'une noix).
- Chauffer l'huile d'olive dans une poêle et faire dorer les boulettes à feu moyen pendant 5 à 7 minutes, en les retournant régulièrement.

Préparer la sauce tomate

- Dans une autre poêle, faire revenir l'oignon émincé avec l'ail dans un peu d'huile d'olive pendant 2 minutes.
- Ajouter les tomates concassées, le concentré de tomate, les herbes, le miel, le sel et le poivre.
- Laisser mijoter à feu doux pendant 10 à 15 minutes.
- Ajouter les boulettes dans la sauce et laisser cuire encore 5 minutes pour bien les enrober.

Assembler le plat

- Cuire les pâtes selon les indications du paquet. Égoutter et réserver.
- Mélanger les pâtes avec la sauce et les boulettes.
- Servir chaud avec du basilic frais et, si souhaité, un peu de levure nutritionnelle pour un effet « parmesan » sans lactose.

Ingrédients

Pour les boulettes de dinde

500 g de viande de dinde hachée
2 c. à soupe de farine de pois chiches (ou farine de riz)
2 œufs
2 c. à soupe de persil frais haché
2 c. à café d'ail en poudre
2 c. à café d'origan séché
2 c. à café de paprika doux
2 c. à soupe d'huile d'olive
Sel, poivre

Pour la sauce tomate maison

1 grosse boîte de tomates concassées (800 g)
2 c. à soupe de concentré de tomate
1 gros oignon (émincé)
2 gousses d'ail (hachée)
2 c. à café d'origan séché
2 c. à café de basilic séché ou frais
2 c. à café de miel ou de sirop d'érable (optionnel, pour réduire l'acidité)
2 c. à soupe d'huile d'olive
Sel, poivre

Pour les pâtes

300 g de pâtes sans gluten (riz, lentilles, quinoa... au choix)

L'astuce

Je double souvent les quantités car les boulettes se congèlent très bien. Ça permet de faire un dîner rapide un soir de semaine !

STIR-FRY CHICKEN

Pour 4 personnes

Ce plat fait partie de mes recettes « valeurs sûres » : rapide, complet, savoureux et toujours adaptable selon les légumes de saison. C'est aussi une bonne façon de faire manger des légumes à mon fils aîné qui pourrait se nourrir exclusivement de poulet, riz et sauce soja. J'aime le côté croustillant et fondant du poulet, associé à des légumes croquants et à une sauce légèrement sucrée-salée qui donne du caractère sans alourdir. C'est une excellente option pour un dîner express qui reste équilibré, riche en protéines, en fibres et en micronutriments essentiels. Parfait pour améliorer l'énergie, la digestion et l'immunité, tout en apportant une vraie satisfaction dans l'assiette.

Ingrédients

Pour le poulet et les légumes

400 g de filet de poulet bio
1 poivron rouge
1 courgette
1 carotte
1 petit brocoli (détaillé en petits bouquets)
2 gousses d'ail
1 petit morceau de gingembre
2 c. à soupe d'huile de sésame ou d'olive
1 c. à soupe de graines de sésame (pour servir)
1 oignon nouveau (pour la touche finale)

Pour la sauce stir-fry

3 c. à soupe de sauce tamari (sans gluten)
3 c. à soupe de coco aminos (je l'achète sur iHerb, c'est une super alternative à la sauce soja)
1 c. à soupe de vinaigre de riz
1 c. à soupe de miel ou sirop d'érable
1 c. à café d'huile de sésame
1 c. à café de fécule de maïs (ou d'arrow-root) pour épaissir
2 c. à soupe d'eau
1 pincée de piment en poudre (optionnel)

- Dans un petit bol, mélanger la sauce tamari, le coco aminos, le vinaigre de riz, le miel, l'huile de sésame, la fécule, le piment (si utilisé) et l'eau. Réserver.
- Faire chauffer 1 c. à soupe d'huile de sésame dans un wok ou une grande poêle.
- Ajouter le poulet coupé en lanières et le saisir à feu moyen-vif pendant 5 à 6 minutes, jusqu'à ce qu'il soit bien doré. Réserver.
- Ajouter l'ail haché, le gingembre râpé et les légumes coupés en demi-rondelles dans le wok avec le reste d'huile.
- Faire sauter à feu vif pendant 4 à 5 minutes, en remuant souvent pour garder du croquant.
- Remettre le poulet dans le wok, ajouter la sauce et bien mélanger.
- Laisser cuire encore 2 minutes, jusqu'à ce que la sauce épaississe et enrobe bien les ingrédients.
- Parsemer de graines de sésame et d'oignon nouveau émincé.
- Déguster seul ou avec du riz basmati, du quinoa ou des nouilles de riz sans gluten ou du riz de chou-fleur.

L'astuce

Ajouter des noix de cajou torréfiées pour plus de croquant et un boost de protéines végétales.

LÉGUMES FARCIS HEALTHY (QUINOA ET DINDE)

Pour 4 personnes

Nous passons une partie de nos étés dans la région de Saint-Rémy-de-Provence. Là-bas, les petits farcis sont un incontournable que l'on trouve même à la carte des restaurants. Mes enfants adorent ça, ils ont chacun un légume favori et ce plat est parfait car il permet de satisfaire tout le monde en faisant un mix de courgettes, poivrons ou tomates ! Ces légumes farcis sont une alternative légère, nourrissante et anti-inflammatoire aux farces traditionnelles. Léger mais rassasiant, le plat idéal pour un dîner sain qui nourrit le corps en profondeur.

Ingrédients

Pour les légumes farcis

4 poivrons ou courgettes (ou tomates en saison)
200 g de quinoa
300 g de viande de dinde hachée
1 oignon rouge
2 gousses d'ail
1 carotte
1 poignée d'épinards frais
1 c. à soupe d'huile d'olive
1 c. à café de cumin
1 c. à café de paprika doux
1/2 c. à café d'origan séché
Quelques herbes fraîches pour servir (persil, coriandre)
Sel, poivre

Pour la sauce légère

1 boîte de tomates concassées (400 g)
1 c. à soupe d'huile d'olive
1 c. à café de vinaigre de cidre
1 pincée de piment doux (optionnel)
Sel, poivre

- Couper les poivrons ou courgettes en deux et retirer les graines. Si vous utilisez des tomates, creuser légèrement l'intérieur.
- Préchauffer le four à 180 °C.
- Rincer le quinoa et le cuire dans deux fois son volume d'eau pendant 12 minutes. Égoutter.
- Dans une poêle, faire revenir l'oignon émincé et l'ail haché dans l'huile d'olive. Ajouter la dinde hachée et faire cuire 5 minutes.
- Ajouter la carotte râpée, les épinards, le cumin, le paprika, l'origan, du sel et du poivre. Laisser mijoter 5 minutes.
- Ajouter le quinoa cuit, bien mélanger et retirer du feu.
- Remplir les légumes évidés avec la farce.
- Préparer la sauce tomage en mélangeant tous les ingrédients dans un bol.
- Déposer les légumes farcis dans un plat allant au four, arroser avec la sauce tomate.
- Enfourner à 180 °C pendant 25 minutes.
- Servir chaud avec un filet d'huile d'olive et quelques herbes fraîches.

L'avis de la nutritionniste

Grâce à son équilibre parfait entre protéines, bons glucides et fibres, ce plat améliore l'énergie, la digestion et l'éclat de la peau. Le quinoa, riche en protéines complètes et en fibres, favorise la digestion et la santé intestinale, essentielle pour une peau éclatante. La dinde, source de protéines maigres et de zinc, aide à la régénération cellulaire et au maintien d'une peau ferme. Les légumes rôtis apportent des antioxydants et des vitamines essentielles, contribuant à une longévité optimale et une inflammation réduite.

FAJITAS À LA VIANDE HACHÉE

Pour 4 personnes

C'est un dîner que l'on fait au moins une fois par semaine à la maison. Les enfants adorent ça, on prépare des petits bols avec chaque ingrédient façon buffet et chacun peut garnir sa fajitas selon ses préférences. C'est sain, gourmand, facile à digérer pendant la nuit, bref parfait pour un dîner équilibré et convivial !

Ingrédients

Pour les tortillas sans gluten (option maison)

120 g de farine de riz
40 g de fécule de maïs (maïzena) ou d'arrow-root
1 c. à café de sel
1 c. à soupe d'huile d'olive
100 ml d'eau tiède

Pour la garniture à la viande hachée

400 g de viande hachée (bœuf, ou dinde pour une version plus légère)
1 poivron rouge
1 poivron jaune
1 oignon rouge
2 gousses d'ail
1 c. à café de paprika fumé
1 c. à café de cumin en poudre
1 c. à café d'origan séché
1 pincée de piment en poudre (optionnel)
1 c. à soupe d'huile d'olive
Sel, poivre

Accompagnements (au choix)

2 avocats (coupés en tranches ou écrasés façon guacamole avec un peu de citron et de sel)
1 poignée de coriandre fraîche
1 tomate coupée en dés
1 citron vert coupé en quartiers
Du cheddar râpé (il existe des alternatives sans lactose si besoin)
Sauce salsa maison (tomates, oignon, coriandre, piment, citron vert mixés ensemble)

- Mélanger la farine de riz, la fécule, le sel et l'huile d'olive.
- Ajouter l'eau tiède progressivement en pétrissant jusqu'à obtenir une pâte souple.
- Former 4 petites boules et les étaler finement entre deux feuilles de papier cuisson.
- Cuire dans une poêle chaude sans matière grasse 1 à 2 minutes de chaque côté.
- Faire chauffer l'huile d'olive dans une poêle à feu moyen.
- Faire revenir l'oignon émincé, l'ail haché et les poivrons coupés en fines lanières 3 minutes jusqu'à ce qu'ils soient légèrement fondants.
- Ajouter la viande hachée, les épices, le sel et le poivre.
- Cuire en remuant régulièrement pendant 5 à 7 minutes, jusqu'à ce que la viande soit bien cuite.
- Garnir chaque tortilla de viande et poivrons.
- Ajouter les tranches d'avocat, la salsa maison et parsemer de coriandre fraîche.
- Servir avec des quartiers de citron vert à presser avant dégustation.

L'avis de la nutritionniste

Vous pouvez aussi utiliser des tortillas sans gluten du commerce. J'aime bien celles de la marque JAJA qui ont une liste d'ingrédients courte. Ajoutez une poignée de haricots rouges ou noirs pour un boost de fibres et de protéines végétales !

CHILI DE PATATE DOUCE

Pour 4 personnes

Ce chili, c'est une recette que je fais très souvent les soirs d'hiver où j'ai envie de réconfort sans lourdeur. En général on le prépare avec ce qu'on a sous la main. Il coche toutes les cases : nourrissant, coloré, équilibré et facile à faire. La patate douce apporte une douceur naturelle que mes enfants adorent, les légumineuses sont riches en protéines et en fibres, et les épices douces stimulent la digestion sans agresser. C'est un plat que j'aime partager, qui réchauffe autant le corps que l'humeur – et c'est exactement ce que j'ai envie de transmettre dans ce livre.

Ingrédients

2 patates douces moyennes
1 boîte de haricots rouges (250 g égouttés)
1 boîte de tomates concassées (400 g)
1 poivron rouge
1 oignon rouge
2 gousses d'ail
1 c. à soupe d'huile d'olive
1 c. à café de cumin
1 c. à café de paprika fumé
1/2 c. à café de curcuma
1 pincée de piment doux (optionnel)
250 ml de bouillon de légumes
1 poignée de coriandre fraîche
1 avocat (pour le topping)
1 c. à soupe de graines de courge

- Éplucher et couper les patates douces en dés.
- Émincer l'oignon et l'ail, couper le poivron en morceaux.
- Dans une grande casserole, chauffer l'huile d'olive et faire revenir l'oignon et l'ail pendant 2 minutes. Ajouter le poivron, le cumin, le paprika, le curcuma et le piment doux, et faire revenir encore 2 minutes pour libérer les arômes.
- Ajouter les patates douces, les tomates concassées et le bouillon de légumes. Mélanger et laisser mijoter à feu moyen pendant 20 minutes.
- Ajouter les haricots rouges et laisser cuire encore 10 minutes, jusqu'à ce que la patate douce soit tendre.
- Servir chaud, garni de coriandre fraîche, de tranches d'avocat et de graines de courge pour un effet croquant.

L'avis de la nutritionniste

Ce chili végétarien est un plat réconfortant et hautement nutritif, parfait pour améliorer l'énergie, la digestion et la santé de la peau. La patate douce, riche en bêta-carotène, favorise un teint lumineux et protège la peau du stress oxydatif. Les haricots rouges, riches en fibres et en protéines végétales, nourrissent le microbiome intestinal et apportent une satiété durable. Les épices anti-inflammatoires comme le cumin et le paprika stimulent la digestion et l'immunité, faisant de ce plat un allié bien-être idéal. Parfait pour un repas nourrissant et réconfortant qui booste le bien-être à long terme !

BOLOGNAISE REVISITÉE

Pour 4 personnes

Mon petit dernier a une passion pour les pâtes bolognaises. Quand nous sommes allés en Italie, il en a commandé midi et soir dans chaque restaurant où nous allions, et ce pendant une semaine ! Mais ses préférées restent celles que l'on fait à la maison... C'est dire si cette recette devrait plaire à tous. C'est un plat que je cuisine souvent en l'enrichissant avec des légumes et encore plus de protéines. Une version revisitée, ultra-nourrissante et équilibrée de la bolognaise.

Ingrédients

Protéines

300 g de viande hachée (bœuf, veau, ou dinde pour une version plus légère)
100 g de lentilles corail ou pois chiches mixés (pour enrichir en protéines et fibres)

Légumes

1 carotte
1 courgette
1 branche de céleri
1 oignon
2 gousses d'ail
1 boîte de tomates concassées (400 g)
1 c. à soupe de concentré de tomate
200 ml de bouillon de légumes ou de volaille

Assaisonnement

1 c. à café d'origan séché
1 c. à café de thym séché
1 pincée de piment doux ou de paprika fumé (optionnel)
1 feuille de laurier
1 c. à soupe d'huile d'olive
Sel, poivre

- Chauffer l'huile d'olive dans une grande poêle.
- Ajouter l'oignon émincé, l'ail haché, la carotte et la courgette râpées ou coupées en petits dés, et le céleri ciselé. Faire revenir 5 minutes jusqu'à ce que les légumes soient légèrement fondants.
- Ajouter la viande hachée et faire dorer 5 minutes, en l'émiettant bien.
- Incorporer les lentilles corail (ou pois chiches mixés).
- Ajouter les tomates concassées, le concentré de tomate, le bouillon, les herbes et épices.
- Mélanger, porter à ébullition, puis laisser mijoter 20 à 25 minutes à feu doux jusqu'à ce que la sauce épaississe.
- Retirer la feuille de laurier et rectifier l'assaisonnement.
- Servir avec des pâtes sans gluten, du riz ou des légumes grillés.
- Optionnel : parsemer de levure nutritionnelle pour un effet « parmesan » sans lactose, ou de parmesan affiné 36 mois (plus il est affiné, plus il est pauvre en lactose).

L'astuce

Doubler les quantités et congeler la sauce pour un dîner vite préparé un soir de semaine.

CURRY DOUX DE POISSON BLANC ET LAIT DE COCO

Pour 4 personnes

Ce curry est à la fois doux, parfumé, facile à digérer et il se prépare en quelques minutes avec des ingrédients simples. J'aime le servir quand j'ai besoin d'un repas complet, léger mais nourrissant. Le poisson blanc apporte des protéines maigres et des minéraux essentiels, le lait de coco entretient l'énergie grâce à ses bons gras, et les épices douces comme le curcuma et le gingembre offrent une vraie action anti-inflammatoire. C'est un plat qui nourrit le corps sans le surcharger, tout en restant gourmand. Et la sauce permet de faire apprécier le poisson blanc à ceux qui n'en raffolent pas !

Ingrédients

500 g de poisson blanc en morceaux (colin, cabillaud, lieu...)
1 oignon
1 gousse d'ail
1 petit morceau de gingembre frais (1 à 2 cm)
2 c. à café de pâte de curry doux ou 1 c. à café de curry en poudre
1 c. à café de curcuma
1 boîte de lait de coco (400 ml)
1 c. à soupe d'huile d'olive ou de coco
1 poignée d'épinards frais ou de coriandre (pour servir)
1 c. à café de jus de citron ou de zeste de citron vert (optionnel)
Sel, poivre

- Faire revenir l'oignon émincé dans l'huile d'olive ou de coco pendant 2 à 3 minutes.
- Ajouter l'ail haché, le gingembre râpé, le curcuma et la pâte de curry. Faire revenir encore 1 minute pour libérer les arômes.
- Ajouter le lait de coco, saler légèrement, puis porter à frémissement.
- Ajouter les morceaux de poisson, couvrir et laisser cuire à feu doux pendant 8 à 10 minutes, jusqu'à ce qu'ils soient tendres.
- Ajouter en fin de cuisson les épinards ou la coriandre fraîche, et un filet de citron si souhaité.
- Servir chaud, avec du riz complet ou du quinoa.

L'avis de la nutritionniste

Ce curry est réconfortant, anti-inflammatoire et très digeste. Le poisson blanc, comme le colin ou le lieu noir, est riche en protéines légères, iode et minéraux essentiels. Le lait de coco, source de bons gras (acides gras à chaîne moyenne), améliore l'énergie et la santé intestinale. Les épices comme le curcuma, le gingembre et la coriandre renforcent l'effet anti-inflammatoire, digestif et booster d'immunité. Un plat complet, savoureux et équilibré. Une excellente alternative au curry de viande, parfaite pour un dîner nourrissant sans lourdeur.

CURRY DE CREVETTES, LÉGUMES ET LAIT DE COCO

Pour 4 personnes

Ce curry est inspiré d'un plat que je commande souvent au restaurant thaï, près de mon bureau à Paris. Tout y est délicieux, notamment leur carte de currys. J'ai voulu en recréer un à la maison dans une version simple, rapide et équilibrée, avec des légumes croquants, des crevettes légères et riches en protéines, et une sauce douce au lait de coco et aux épices anti-inflammatoires. C'est un plat qui me fait du bien, que je prépare souvent en semaine quand j'ai peu de temps mais envie d'un vrai moment de plaisir.

Ingrédients

Base du curry

400 g de crevettes décortiquées
1 boîte de lait de coco (400 ml, sans sucre ajouté)
1 oignon rouge
2 gousses d'ail
1 morceau de gingembre frais (env. 2 cm)
2 c. à soupe de pâte de curry rouge ou jaune (ou 1 c. à soupe de curry en poudre)
1 c. à café de curcuma
1 c. à café de cumin
1 c. à soupe d'huile de coco ou d'olive
1 citron vert
Sel, poivre

Légumes et fibres

1 courgette
1 poivron rouge
1 carotte
100 g de pois chiches cuits ou de lentilles corail (optionnel, pour plus de fibres et protéines)
1 poignée d'épinards frais ou de chou kale

Accompagnement

200 g de riz complet, riz basmati ou quinoa
Coriandre fraîche pour servir

- Chauffer l'huile dans une grande poêle ou un wok.
- Faire revenir l'oignon émincé, l'ail haché et le gingembre rapé pendant 2 minutes.
- Ajouter la pâte de curry, le curcuma et le cumin, et bien mélanger pour libérer les arômes.
- Incorporer la courgette coupée en dés, la carotte coupée en julienne et le poivron coupé en lanières.
- Faire revenir 5 minutes, ils doivent rester légèrement croquants.
- Ajouter les crevettes et les faire sauter 2 minutes.
- Verser le lait de coco, ajouter les pois chiches ou les lentilles corail et laisser mijoter 10 minutes.
- Ajouter les épinards ou le chou kale, en fin de cuisson pour préserver leur texture.
- Arroser de jus de citron vert et ajuster l'assaisonnement.
- Servir avec du riz ou du quinoa et parsemer de coriandre fraîche.

L'avis de la nutritionniste

Ajouter une poignée de noix de cajou pour un croquant gourmand et encore plus de bons nutriments !

CURRY VÉGÉTARIEN

Pour 4 personnes

Lorsque notre amie Murielle nous a reçus autour d'un curry végétarien et de naans faits maison, j'ai tellement adoré ce plat que je me suis promise de le refaire chez moi ! C'est un plat convivial à préparer plutôt le week-end, quand vous avez un peu de temps, à partager en famille ou entre amis, et qui plaît toujours. Il est plein de légumes, d'épices douces, de fibres et de protéines végétales, parfait pour améliorer l'équilibre intestinal, l'immunité et la vitalité, tout en gardant ce côté généreux et chaleureux que j'aime tant en cuisine.

Ingrédients

1 boîte de pois chiches (250 g égouttés)
1 patate douce moyenne
1 courgette
1 poivron rouge
1 oignon rouge
2 gousses d'ail
1 morceau de gingembre frais (2 cm)
1 boîte de tomates concassées (400 g)
200 ml de lait de coco
1 c. à soupe d'huile de coco
1 c. à café de curcuma
1 c. à café de cumin
1/2 c. à café de coriandre moulue
1 pincée de piment doux (optionnel)
Sel, poivre
1 poignée de coriandre fraîche pour servir

- Éplucher et couper la patate douce en cubes. Couper la courgette et le poivron en dés.
- Dans une grande poêle, faire chauffer l'huile de coco, puis ajouter l'oignon émincé, l'ail haché et le gingembre râpé. Faire revenir 2 minutes.
- Incorporer le curcuma, le cumin, la coriandre moulue et le piment. Mélanger pour libérer les arômes.
- Ajouter la patate douce, la courgette et le poivron, puis les tomates concassées. Laisser mijoter 10 minutes.
- Verser les pois chiches et le lait de coco, saler et poivrer. Laisser mijoter 10 minutes supplémentaires.
- Servir le curry bien chaud, parsemé de coriandre fraîche, accompagné des naans mœlleux (voir la recette page suivante).

L'avis de la nutritionniste

Ce curry végétarien est un véritable boost d'antioxydants et d'anti-inflammatoires naturels, idéal pour soutenir le microbiome intestinal, l'immunité et la vitalité de la peau. Les épices comme le curcuma et le gingembre réduisent l'inflammation et favorisent une digestion fluide. Les légumes et les pois chiches apportent des fibres et des protéines végétales de qualité pour une satiété durable sans alourdir. Accompagné de naans moelleux sans gluten, ce plat est réconfortant, nourrissant et profondément régénérant. Un équilibre parfait entre plaisir et bienfaits !

NAANS SANS GLUTEN

Pour 4 naans

J'adore ces petits pains moelleux qui accompagnent si bien les plats épicés... mais difficile d'en trouver une version sans gluten satisfaisante. Après plusieurs essais, voici une recette qui coche toutes les cases : simple à préparer, moelleuse, et délicieusement réconfortante. À servir chaud, juste sortis de la poêle, avec un curry, une soupe ou même à garnir comme un sandwich. Chez nous, tout le monde en redemande (moi la première) !

- Dans un bol, mélanger la farine de pois chiches, la fécule, la levure et le sel. Ajouter le lait de coco, l'huile d'olive et le vinaigre de cidre. Pétrir jusqu'à obtenir une pâte souple.
- Diviser la pâte en 4 boules et les aplatir en disques.
- Chauffer une poêle à feu moyen avec un filet d'huile d'olive et cuire chaque naan 2 à 3 minutes par côté jusqu'à ce qu'ils soient dorés. Parsemer de graines de sésame ou de cumin avant de servir.

Ingrédients

200 g de farine de pois chiches
50 g de fécule de tapioca
1 c. à café de levure chimique
1/2 c. à café de sel
120 ml de lait de coco
1 c. à soupe d'huile d'olive
1 c. à café de vinaigre de cidre
1 c. à soupe de graines de sésame ou de cumin

WOK LÉGUMES SAUTÉS ET TOFU

Pour 4 personnes

Ce wok, c'est un peu LA recette de secours les soirs de semaine où j'ai besoin de quelque chose de rapide, sain et satisfaisant. Je prends ce qu'il me reste au frigo, je coupe tout en lamelles, je fais sauter à feu vif avec un peu de sauce tamari, et le dîner est prêt rapidement. Le tofu, riche en protéines végétales, apporte de la texture et se marie parfaitement avec des légumes croquants et colorés. J'aime le côté très vivant de ce plat, qui donne de l'énergie sans lourdeur, et qui apporte une digestion fluide, une bonne satiété et un équilibre global. C'est exactement ce que j'attends d'une cuisine du quotidien. Mes enfants ne mangent pas de tofu, mais vous pouvez faire exactement la même recette avec du poulet ou du bœuf !

Ingrédients

200 g de tofu ferme
1 brocoli
1 poivron rouge
1 carotte
1 courgette
1 poignée de champignons (shiitake ou champignons de Paris)
2 oignons nouveaux
1 gousse d'ail
1 morceau de gingembre frais (2 cm)
2 c. à soupe d'huile de sésame
2 c. à soupe de sauce tamari (sans gluten)
1 c. à soupe de vinaigre de riz
1 c. à café de miel ou de sirop d'érable (optionnel)
1 c. à soupe de graines de sésame
1 poignée de coriandre fraîche

- Couper le tofu en cubes et les presser légèrement dans un torchon pour enlever l'excès d'eau.
- Dans un bol, mélanger 1 c. à soupe de sauce tamari, 1 c. à soupe d'huile de sésame et le miel (si utilisé). Ajouter le tofu et laisser mariner 15 minutes.
- Chauffer une poêle et faire revenir le tofu jusqu'à ce qu'il soit légèrement croustillant. Réserver.
- Couper le brocoli en fleurettes, le poivron en lanières, la carotte en fines lamelles et la courgette en demi-rondelles. Émincer l'ail, le gingembre et les oignons nouveaux.
- Chauffer 1 c. à soupe d'huile de sésame dans un wok. Ajouter l'ail et le gingembre, puis les légumes en commençant par le brocoli et la carotte (plus fermes), puis le poivron, la courgette et les champignons. Faire sauter 5 minutes en remuant régulièrement.
- Verser 1 c. à soupe de sauce tamari et le vinaigre de riz. Bien mélanger.
- Ajouter le tofu doré, parsemer de graines de sésame et de coriandre fraîche.
- Servir immédiatement, nature ou avec du riz complet ou du quinoa.

L'avis de la nutritionniste

Ce wok est un plat équilibré, riche en protéines végétales, fibres et antioxydants, parfait pour l'énergie, la digestion et la santé de la peau. Le tofu est une source de protéines complètes et de phyto-œstrogènes, favorisant l'équilibre hormonal et la régénération cellulaire. Les légumes colorés apportent des vitamines et des minéraux qui boostent l'immunité et l'éclat de la peau. L'ail, le gingembre et la sauce tamari stimulent la digestion et réduisent l'inflammation, rendant ce plat aussi délicieux que bienfaisant.

SAUMON GRILLÉ, BROCOLIS ET SALADE PESTO

Pour 4 personnes

C'est un de mes plats fétiches quand j'ai envie de quelque chose de très simple mais profondément nourrissant. Vous l'aurez compris à la lecture de ce livre, le saumon grillé, riche en oméga-3, reste l'une de mes protéines préférées pour son goût et ses bienfaits pour la peau, le cerveau et l'inflammation. Je l'associe souvent à des brocolis vapeur ou rôtis (c'est le plat préféré de mes deux derniers enfants !), et à une salade verte généreusement assaisonnée de pesto maison, pour apporter du caractère et des bons gras. C'est un plat que je fais souvent après une journée intense, quand j'ai besoin de me faire du bien sans passer trop de temps en cuisine.

Ingrédients

Pour le saumon grillé

4 pavés de saumon
1 c. à soupe d'huile d'olive
1 c. à café de jus de citron
1 c. à café de thym ou d'origan séché
Sel, poivre

Pour les brocolis

1 tête de brocoli
1 c. à soupe d'huile d'olive
1 c. à café de graines de sésame
1 pincée de sel

Pour la salade pesto

100 g de roquette
1 poignée de basilic frais
1 poignée de noix de cajou ou de pignons de pin
2 c. à soupe d'huile d'olive
1 c. à soupe de jus de citron
1 gousse d'ail
Sel, poivre

- Assaisonner les pavés de saumon avec l'huile d'olive, le jus de citron, le thym, le sel et le poivre.
- Faire griller à la poêle ou au four à 180 °C pendant 10 minutes jusqu'à ce que la chair soit tendre et légèrement dorée.
- Cuire à la vapeur les fleurettes de brocoli pendant 5 minutes pour leur conserver leurs nutriments.
- Faire revenir dans une poêle avec l'huile d'olive et parsemer de graines de sésame.
- Mixer la roquette, le basilic, les noix de cajou, l'huile d'olive, le jus de citron et l'ail jusqu'à obtenir une texture de pesto.
- Mélanger le pesto avec des feuilles de roquette fraîche pour former la salade.
- Servir immédiatement le saumon grillé avec les brocolis et la salade pesto.

L'avis de la nutritionniste

Ce plat est un concentré de protéines, d'oméga-3 et d'antioxydants, idéal pour la santé de la peau, l'énergie et la longévité. Le saumon, riche en oméga-3 et en astaxanthine, protège la peau du vieillissement et améliore la santé cardiovasculaire. Le brocoli, riche en sulforaphane, stimule la détoxification cellulaire et aide à prévenir l'inflammation. La salade au pesto apporte des bons gras, des vitamines et des minéraux essentiels pour une peau lumineuse et une digestion optimale. Un repas équilibré, savoureux et ultra-nourrissant !

FILET DE CABILLAUD RÔTI, LÉGUMES AU FOUR ET SAUCE CITRON-HERBES

Pour 4 personnes

C'est le genre de plat que je prépare quand j'ai envie de légèreté, de clarté mentale et de simplicité. Le cabillaud, très digeste et riche en protéines maigres, est parfait les jours où je veux faire une pause dans les viandes ou les poissons plus gras. Je l'associe à des légumes rôtis au four, que je prépare souvent en grande quantité à l'avance, et à une sauce citronnée aux herbes fraîches qui relève tout sans alourdir. Ce plat coche toutes les cases du repas bien-être : facile, équilibré, nourrissant sans être trop riche, et toujours agréable à déguster.

Ingrédients

Pour le poisson et les légumes

4 filets de cabillaud (ou autre poisson blanc : lieu, merlan, colin)
2 courgettes
2 carottes
1 fenouil
1 oignon rouge
2 c. à soupe d'huile d'olive
1 c. à café de curcuma ou paprika doux
Sel, poivre

Pour la sauce citron-herbes

1 citron
1 c. à soupe d'huile d'olive
1 c. à café de moutarde douce
1 poignée de persil, ciboulette ou coriandre fraîche
Sel, poivre

- Préchauffer le four à 180 °C.
- Couper les légumes en bâtonnets. Les disposer sur une plaque, arroser d'huile d'olive, ajouter curcuma, sel et poivre. Mélanger et enfourner 20 minutes.
- Ajouter les filets de poisson sur la plaque ou dans un plat à part, saler, poivrer, et enfourner encore 12 à 15 minutes, selon l'épaisseur.
- Pendant ce temps, mélanger tous les ingrédients de la sauce.
- Servir les filets de poisson avec les légumes rôtis et arroser de sauce citron-herbes.

L'avis de la nutritionniste

Le cabillaud, poisson maigre, est riche en protéines complètes, iode, sélénium et vitamine B12, tout en étant très digeste. Il est parfait pour changer des poissons gras tout en maintenant une alimentation anti-inflammatoire.

FRITTATA PROTÉINÉE

Pour 4 personnes

La frittata, c'est pour moi le plat zéro stress par excellence : on mélange tout dans un bol, on enfourne, et on a un repas complet en quelques minutes. C'est un plat que mon mari fait souvent quand on a des légumes à finir ou peu de temps pour cuisiner. Grâce aux œufs, c'est une recette naturellement riche en protéines complètes, et très rassasiante. Servie avec une salade verte ou quelques feuilles de roquette, pour un déjeuner ou un dîner léger, équilibré et savoureux, c'est un basique qui se décline à l'infini !

Ingrédients

8 œufs
1 courgette
1 poivron rouge
1 poignée d'épinards frais
1 oignon rouge
1 gousse d'ail
1 c. à soupe d'huile d'olive
1 c. à café de curcuma
1 c. à café de cumin
1 poignée de persil ou de basilic frais
50 g de feta ou de fromage végétal (optionnel)
1 c. à soupe de graines de courge ou de tournesol pour le croquant
Sel, poivre

- Préchauffer le four à 180 °C et huiler légèrement un plat ou une poêle allant au four.
- Émincer l'oignon et l'ail, couper la courgette et le poivron en petits dés.
- Dans une poêle, faire chauffer l'huile d'olive et faire revenir l'oignon, l'ail, le curcuma et le cumin pendant 2 minutes.
- Ajouter la courgette, le poivron et cuire encore 5 minutes. Ajouter les épinards en dernier, juste pour les faire réduire.
- Dans un grand bol, battre les œufs avec du sel et du poivre. Ajouter les légumes cuits et mélanger.
- Verser le mélange dans un plat huilé ou dans la poêle passant au four.
- Saupoudrer de feta émiettée (si utilisée) et de graines de courge.
- Enfourner et cuire 15 à 20 minutes jusqu'à ce que la frittata soit bien prise et légèrement dorée.
- Parsemer de persil ou de basilic frais avant de servir.

Déguster chaud ou froid, accompagné d'une salade verte.

OMELETTE ROULÉE PROTÉINÉE

Pour 4 personnes

La spécialité de mon mari ! Je lui commande au moins une fois par semaine... En plus d'être jolie dans l'assiette, et facile à garnir avec ce qu'il y a dans le frigo (avocat, épinards, herbes fraîches...), elle est riche en protéines et facile à digérer. Accompagnée de roquette, cette recette devient un repas complet, digeste et anti-inflammatoire. On la mange souvent en dîner mais c'est aussi un petit-déjeuner sympa (si vous avez un peu de temps le matin car il faut le coup de main pour rouler l'omelette !).

Ingrédients

Pour l'omelette

6 œufs
1 c. à soupe d'huile d'olive
1 pincée de curcuma
Sel, poivre

Pour la garniture

1 avocat
2 poignées de jeunes pousses d'épinards
1/2 concombre
1 filet de citron

Pour servir

1 belle poignée de roquette
Huile d'olive, citron, graines

- Battre les œufs avec une pincée de curcuma, du sel et du poivre.
- Chauffer une poêle antiadhésive avec un peu d'huile d'olive. Verser les œufs battus et cuire à feu doux comme une grande crêpe fine. Une fois cuite (mais encore souple), la déposer sur une planche.
- Répartir les épinards, l'avocat découpé en lamelles, le concombre en fines tranches et un filet de citron. Rouler délicatement l'omelette comme un wrap, puis couper en deux ou en tronçons. Servir avec une salade de roquette, assaisonnée d'huile d'olive, de citron et de graines.

OMELETTE VERTE AU PESTO ET DINDE

Pour 2 personnes

Cette omelette est née d'un reste de pesto maison que j'avais envie d'utiliser autrement que sur des pâtes. J'y ai ajouté des herbes fraîches et quelques feuilles d'épinards pour une couleur bien verte, et de la dinde grillée pour une touche de protéines maigres. Résultat : une omelette gourmande, parfumée, très rassasiante mais légère, parfaite pour un déjeuner express. J'aime son côté à la fois simple, plein de goût et bien équilibré, et je la refais très souvent, surtout les jours où je manque d'inspiration mais pas d'envie de bien manger.

Ingrédients

Pour l'omelette

4 œufs
1 poignée d'épinards frais
1 poignée de roquette
3 tranches de jambon de dinde
1 c. à café d'huile d'olive
Sel rose d'Himalaya, poivre

Pour le pesto maison

1 poignée de basilic frais
1 poignée de roquette
1 c. à soupe de pignons de pin ou de graines de tournesol
1 petite gousse d'ail
2 c. à soupe d'huile d'olive
1 c. à soupe de levure nutritionnelle (pour remplacer le parmesan)
1 c. à soupe de jus de citron
Sel, poivre

- Mixer le basilic, la roquette, l'ail, les pignons de pin, la levure nutritionnelle, l'huile d'olive, et le jus de citron jusqu'à obtenir une texture légèrement granuleuse.
- Saler, poivrer et ajuster l'assaisonnement selon le goût.
- Battre les œufs avec une pincée de sel et de poivre.
- Hacher grossièrement les épinards et la roquette, puis les incorporer aux œufs battus.
- Faire chauffer l'huile d'olive dans une poêle antiadhésive.
- Y verser le mélange d'œufs et cuire à feu moyen sans trop remuer, pendant environ 4 à 5 minutes, jusqu'à ce que l'omelette soit prise mais encore légèrement baveuse.
- Étaler 1 à 2 cuillères à soupe de pesto sur la surface de l'omelette et une tranche de dinde avant de la plier en deux.
- Déposer l'omelette dans une assiette et accompagner éventuellement d'une petite salade verte ou de crudités.

L'astuce

Ajoutez quelques graines de courge ou de sésame par-dessus pour un boost nutritionnel et un peu de croquant

ÉQUILIBRE HORMONAL ET ALIMENTATION

Nos hormones orchestrent une multitude de fonctions dans notre organisme : elles régulent notre métabolisme, notre humeur, notre sommeil, notre digestion et même la santé de notre peau. Pourtant, leur équilibre est fragile et peut être facilement perturbé par notre mode de vie et notre alimentation. Je l'ai appris à mes dépens l'année dernière. Épuisée, hypersensible, « un pied dans le burnout » comme m'a dit mon médecin, je ne me reconnaissais plus. Pendant des mois j'avais mis ça sur mon quotidien bien rempli de cheffe d'entreprise et mère de famille, mais au fond de moi je sentais bien que c'était autre chose. J'ai trop puisé dans mes réserves et mon corps a lâché, physiquement et psychologiquement. Après un check-up complet, j'ai appris que ma thyroïde était déréglée et que mon taux de cortisol était beaucoup trop élevé. Dans ces cas-là, dur de savoir si c'est mon stress chronique qui a déréglé ma thyroïde ou bien l'inverse. Tout est intrinsèquement lié.

Stress chronique, manque de sommeil, excès de sucres raffinés, carences nutritionnelles... autant de facteurs qui peuvent provoquer des déséquilibres hormonaux et entraîner une fatigue persistante, des troubles du cycle menstruel, une prise de poids ou une sensibilité cutanée. Heureusement, notre alimentation et certaines habitudes de vie peuvent jouer un rôle-clé dans le maintien de notre équilibre hormonal. Cet équilibre est un subtil jeu d'ajustements entre alimentation, gestion du stress, sommeil et compléments adaptés.

> En adoptant des habitudes simples mais puissantes, il est possible de mieux gérer son énergie, son poids, son humeur et sa santé globale.

Prendre soin de ses hormones, c'est finalement adopter une approche plus consciente de son alimentation et de son mode de vie. Une démarche essentielle pour bien vieillir et préserver son bien-être à long terme.

Comprendre le fonctionnement de nos hormones pour mieux les équilibrer

Les hormones sont des messagers chimiques essentiels qui circulent dans le sang pour transmettre des informations entre les organes. Elles régulent une multitude de fonctions vitales : sommeil, appétit, humeur, métabolisme, libido, énergie, stress, reproduction... Un bon équilibre hormonal ne signifie pas produire « plus » d'hormones, mais produire la bonne quantité, au bon moment, en fonction des besoins du corps.

PRENONS DEUX EXEMPLES-CLÉS

La dopamine et la sérotonine sont des neuromédiateurs produits à partir d'acides aminés. La dopamine est liée à la motivation, au plaisir et à la concentration ; la sérotonine, elle, régule l'humeur, le sommeil et la digestion. Une alimentation pauvre en protéines ou en micronutriments peut freiner leur production, entraînant fatigue, irritabilité, troubles de l'humeur ou du sommeil.

À l'inverse, une production excessive de cortisol (hormone du stress) peut perturber l'équilibre global : troubles digestifs, prise de poids abdominale, baisse de l'immunité, dérèglement du cycle menstruel ou du sommeil. L'excès de glucose peut stimuler de manière excessive l'insuline, favorisant une prise de poids et une inflammation silencieuse.

> Ce qui est vrai pour une hormone l'est pour les autres : l'organisme fonctionne en réseau. Un excès ou une carence peut déséquilibrer l'ensemble du système.

D'où l'importance d'une alimentation variée, équilibrée et de qualité – qui favorise non seulement la production hormonale, mais aussi sa régulation naturelle. Le but : retrouver une homéostasie hormonale, c'est-à-dire un équilibre dynamique et durable, propice à l'énergie, à la santé mentale et à la longévité.

Voici une liste des principales hormones, de leurs fonctions, et des symptômes qui peuvent vous alerter sur un potentiel excès ou une carence.

CORTISOL

- **Fonctions principales :** oxygénation des cellules, énergie
- **Excès :** irritabilité, insomnies, anxiété, prise de poids abdominale
- **Carence :** fatigue chronique, baisse d'immunité, inflammation persistante

INSULINE

- **Fonctions principales :** régulation de la glycémie, stockage du glucose
- **Excès :** prise de poids, fringales, inflammation
- **Carence :** hypoglycémie, fatigue, vertiges après les repas

ŒSTROGÈNES

- **Fonctions principales :** cycle menstruel, peau, os, humeur, cognition
- **Excès :** rétention d'eau, douleurs mammaires, troubles de l'humeur, règles abondantes
- **Carence :** bouffées de chaleur, sécheresse vaginale, troubles du sommeil

PROGESTÉRONE

- **Fonctions principales :** apaisement, sommeil, équilibre des œstrogènes
- **Excès :** rare, mais peut entraîner somnolence excessive
- **Carence :** SPM, irritabilité, troubles du sommeil, cycles irréguliers

SÉROTONINE

- **Fonctions principales :** humeur, sommeil, appétit, digestion
- **Excès :** baisse de libido, inertie émotionnelle (excès très rare naturellement)
- **Carence :** dépression, troubles digestifs, compulsions alimentaires

DOPAMINE

- **Fonctions principales :** motivation, attention, plaisir, mémoire
- **Excès :** impulsivité, dépendances, agitation mentale
- **Carence :** baisse de motivation, fatigue, manque de concentration

Les nutriments essentiels pour un bon équilibre hormonal

Nos hormones sont de véritables chefs d'orchestre biologiques. Elles régulent l'énergie, le sommeil, l'humeur, la fertilité, le métabolisme, le stress... Pour fonctionner correctement, ces messagers chimiques ont besoin de nutriments-clés, sans lesquels leur production ou leur action peut être perturbée.

L'alimentation joue ici un rôle central : elle ne se limite pas à nourrir le corps ou à fournir de l'énergie – elle influence directement nos équilibres hormonaux. Les repas sont de puissants signaux pour l'organisme. Ils participent à synchroniser les rythmes biologiques (notamment via l'insuline, le cortisol ou la mélatonine) et favorisent la production d'hormones comme les œstrogènes, la progestérone ou les hormones thyroïdiennes.

> Une alimentation ciblée, riche en micronutriments, en bons gras, en protéines de qualité et en antioxydants permet de créer un terrain hormonal plus stable, plus fluide, et donc plus propice à la vitalité, au bon vieillissement et à l'équilibre émotionnel.

LES PROTÉINES

Les acides aminés issus des protéines sont indispensables à la production de neurotransmetteurs et d'hormones comme la dopamine et la sérotonine. Un apport suffisant en protéines aide à stabiliser la glycémie et à limiter les fluctuations hormonales.

À privilégier : poisson, œufs, viande maigre, légumineuses, tofu, tempeh.

LES BONNES GRAISSES

Les lipides sont les précurseurs de nombreuses hormones, notamment les hormones stéroïdiennes (œstrogènes, progestérone, testostérone). Les oméga-3, en particulier, sont essentiels pour réduire l'inflammation et stabiliser les fonctions hormonales.
À privilégier : avocat, huile d'olive, noix, graines de lin, poisson gras.

LES FIBRES

En favorisant un bon transit intestinal, les fibres permettent d'éliminer l'excès d'hormones, notamment les œstrogènes en surplus. Elles aident aussi à réguler la glycémie, ce qui limite les pics d'insuline.
À privilégier : légumes verts, graines de chia, légumineuses, céréales complètes.

LES ANTIOXYDANTS ET POLYPHÉNOLS

Ces composés protègent nos cellules des effets du stress oxydatif, qui peut perturber le fonctionnement hormonal.
À privilégier : fruits rouges, thé vert, cacao cru, curcuma.

LES VITAMINES ET MINÉRAUX-CLÉS

Certains micronutriments sont essentiels à la synthèse hormonale.
À privilégier : le magnésium régule le cortisol et favorise un sommeil réparateur (amandes, épinards, chocolat noir). Le zinc est essentiel à la production de testostérone et à la santé immunitaire (huîtres, graines de courge). La vitamine D joue un rôle-clé dans l'équilibre hormonal et la fonction thyroïdienne (soleil, poissons gras).

Cycle et alimentation

Il y a quelques années, j'ai acheté les livres *The Women Code et In the Flo* du Dr Alisa Vitti. Depuis je les ai offerts à plusieurs femmes de mon entourage car ce fut une vraie révélation pour moi. En effet, le Dr Vitti nous rappelle que notre équilibre hormonal fluctue tout au long du mois, influençant notre énergie, notre humeur, notre digestion, notre sommeil et même notre métabolisme. Pourtant, nous avons depuis toujours été conditionnées à fonctionner de manière linéaire, sans prendre en compte ces variations naturelles. Je suis heureuse d'avoir ces clés en mains pour pouvoir en parler à ma fille, mais je trouve cela dommage qu'à l'école nous n'ayons pas plus d'informations, nous les femmes, sur la façon dont notre cycle fonctionne.

En respectant ces rythmes naturels, on optimise son énergie, réduit les symptômes hormonaux (syndrome prémenstruel, fatigue, fringales) et améliore sa performance globale. C'est une manière de mieux se connaître et de travailler avec son corps plutôt que contre lui. L'objectif n'est pas de suivre un programme rigide, mais d'apprendre à reconnaître ses besoins selon chaque phase. En intégrant le Cycle Syncing dans son quotidien, on se reconnecte à son équilibre hormonal et on vit plus en harmonie avec soi-même. Personnellement, j'ai acheté une bague connectée l'année dernière (Oura Ring) et cela m'aide notamment à bien suivre mon cycle et savoir ainsi dans quelle phase je me trouve. Quand je le peux, j'anticipe et j'adapte ainsi mon agenda, mes rendez-vous importants, etc.

> Le Cycle Syncing propose une approche plus intuitive : adapter son alimentation, son activité physique et son rythme de vie aux quatre phases du cycle menstruel pour optimiser son bien-être.

Note importante

La durée et l'intensité des différentes phases du cycle menstruel peuvent varier d'une personne à l'autre, et même d'un cycle à l'autre. Les indications de jours mentionnées page suivante sont des moyennes données à titre indicatif, et ne remplacent pas une écoute fine de son propre corps.

Les 4 phases du cycle et leurs adaptations

1 PHASE MENSTRUELLE (jours 1 à 5)
Repos et recentrage

• **Ce qui se passe dans le corps :** le taux d'œstrogènes et de progestérone chute, déclenchant les règles. L'énergie est plus basse et le corps a besoin de récupérer.

• **Alimentation :** prioriser des aliments riches en fer (légumineuses, viandes, épinards) et en oméga-3 pour réduire l'inflammation (saumon, graines de lin, noix).

• **Sport et mouvement :** privilégier la douceur (yoga, pilates, stretching, marche lente). Le corps a besoin de repos.

• **État émotionnel :** c'est un moment d'introspection. Journaling, méditation et ralentissement sont bénéfiques.

2 PHASE FOLLICULAIRE (jours 6 à 14)
Énergie et créativité

• **Ce qui se passe dans le corps :** les œstrogènes augmentent progressivement, boostant l'énergie et la clarté mentale. C'est le moment idéal pour entamer de nouveaux projets.

• **Alimentation :** miser sur des aliments frais et légers (légumes verts, graines germées, protéines maigres). Les probiotiques (yaourt, kéfir, choucroute) favorisent l'équilibre hormonal.

• **Sport et mouvement :** l'énergie revient, c'est le moment parfait pour des entraînements plus intenses (cardio, HIIT, danse).

• **État émotionnel :** créativité, ouverture aux nouvelles expériences, socialisation accrue. Idéal pour planifier, brainstormer et lancer des initiatives.

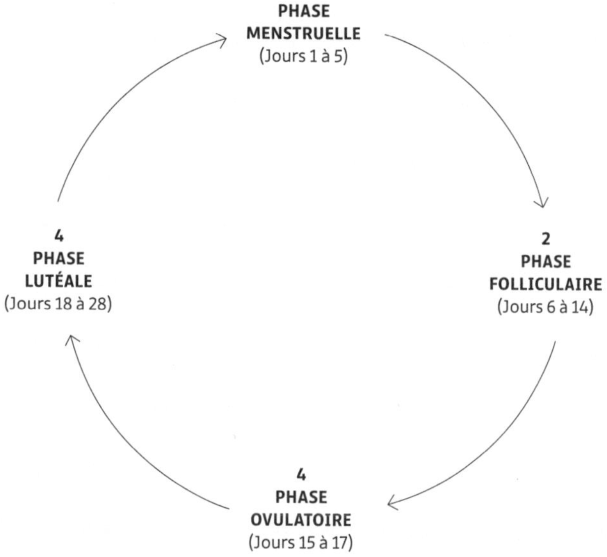

3 PHASE OVULATOIRE (jours 15 à 17) Performance et rayonnement

• **Ce qui se passe dans le corps :** pic d'œstrogènes et de testostérone, boostant la confiance et la communication.

• **Alimentation :** opter pour des protéines et des bons gras (avocat, huile d'olive, poissons gras). Les crucifères (brocoli, chou-fleur) aident à métaboliser les œstrogènes.

• **Sport et mouvement :** c'est le moment des performances physiques (musculation, sprint, sports collectifs).

• **État émotionnel :** on est à notre apogée sociale et professionnelle. Idéal pour les réunions importantes, les prises de parole, la connexion aux autres.

4 PHASE LUTÉALE (jours 18 à 28) Ancrage et introspection

• **Ce qui se passe dans le corps :** la progestérone prend le relais, préparant le corps à une éventuelle grossesse. L'énergie ralentit et le besoin de réconfort augmente.

• **Alimentation :** miser sur les glucides complexes (patate douce, quinoa), les aliments riches en magnésium (chocolat noir, banane, amandes) pour limiter le stress et les envies sucrées.

• **Sport et mouvement :** réduire l'intensité et favoriser le pilates, le yoga doux, la natation.

• **État émotionnel :** sensibilité accrue, besoin de recentrage. Idéal pour boucler des projets plutôt que d'en démarrer. Écouter ses émotions sans se juger.

Alimentation, hormones et ménopause : adapter son assiette pour mieux traverser cette étape

La ménopause marque un bouleversement hormonal majeur, en particulier la chute progressive des œstrogènes et de la progestérone. Ces fluctuations peuvent entraîner une prise de poids, une perte de masse musculaire, des troubles du sommeil, des bouffées de chaleur, une fatigue chronique ou une plus grande sensibilité émotionnelle. L'alimentation joue alors un rôle déterminant pour accompagner cette transition en douceur et limiter les déséquilibres.

Certains nutriments sont particulièrement importants à cette période :

Les protéines aident à préserver la masse musculaire et stabilisent la glycémie

Les oméga-3 contribuent à réguler l'inflammation, l'humeur et la santé cardiovasculaire

Les fibres soutiennent le microbiote, la digestion et l'élimination des œstrogènes en excès

Le magnésium, les vitamines du groupe B et le zinc participent à la régulation du stress, de l'énergie et de l'équilibre hormonal global

Miser sur une alimentation anti-inflammatoire, riche en légumes, bons gras, protéines de qualité et sources végétales de phyto-œstrogènes (comme le lin, le soja fermenté ou les légumineuses), permet non seulement de soulager certains symptômes, mais aussi de prévenir les risques métaboliques, osseux et cardiovasculaires associés à cette phase de vie.

C'est aussi une période idéale pour réinvestir sa relation à soi, à son corps, et retrouver une alimentation plus consciente, en cohérence avec ses nouveaux besoins.

EXEMPLE D'ASSIETTE SPÉCIALE MÉNOPAUSE

Voici une journée alimentaire pensée pour améliorer les équilibres hormonaux, limiter l'inflammation, stabiliser la glycémie et préserver la masse musculaire.

Petit-déjeuner
• 2 œufs mollets + 1 tranche de pain au levain ou aux graines
• 1 c. à soupe de purée d'amandes
• 1 infusion de sauge ou de camomille (régulatrices naturelles)

Déjeuner
• Salade de lentilles vertes, quinoa, légumes rôtis, huile de colza et graines de courge
• 1 filet de maquereau ou de saumon
• 1 compote sans sucre + 1 c. à café de cannelle

Collation
• 1 poignée de noix + 2 carrés de chocolat noir (≥ 85 %)
• 1 tisane anti-inflammatoire (curcuma, gingembre)

Dîner
• Soupe de légumes + tofu grillé ou pois chiches
• 1 portion de patate douce vapeur + herbes douces (fenouil, aneth)
• 1 yaourt végétal enrichi en calcium ou lait d'amande sans sucre

LES ALIMENTS-CLÉS À PRIVILÉGIER EN PÉRIODE DE MÉNOPAUSE

Pour l'équilibre hormonal : œufs, poissons gras, légumineuses, tofu, tempeh, graines de lin (phyto-œstrogènes)

Contre l'inflammation : légumes colorés, épices (curcuma, gingembre), petits fruits rouges, huiles de qualité

Pour préserver la masse musculaire : protéines à chaque repas (œufs, volaille, poisson, tofu, légumineuses, tempeh)

Pour la santé osseuse : amandes, sésame, légumes à feuilles vertes, produits enrichis en calcium (végétaux ou laitiers selon tolérance)

Pour la gestion du stress et du sommeil : graines de courge (riches en magnésium), chocolat noir, légumineuses, camomille, infusion de mélisse

Le lien entre stress, sommeil et hormones

Nos hormones sont fortement influencées par notre niveau de stress et la qualité de notre sommeil. Deux hormones jouent un rôle central dans cet équilibre : le cortisol et la mélatonine.

LE CORTISOL : L'HORMONE DU STRESS

Le cortisol est sécrété par les glandes surrénales en réponse au stress. À court terme, il est bénéfique pour gérer les situations d'urgence, mais lorsque le taux de cortisol reste élevé trop longtemps, il entraîne des déséquilibres hormonaux (prise de poids, troubles du sommeil, fatigue chronique).

Comment réguler le cortisol ?

Éviter les pics de glycémie : un excès de sucre entraîne une production excessive d'insuline, ce qui peut perturber l'équilibre du cortisol.

Pratiquer une activité physique modérée : le sport aide à réguler le stress, mais l'excès de sport intense peut augmenter le cortisol.

Adopter des techniques de relaxation : respiration profonde, méditation, yoga.

LA MÉLATONINE : L'HORMONE DU SOMMEIL

La mélatonine régule notre cycle veille-sommeil. Son bon fonctionnement est essentiel pour permettre au corps de récupérer et pour stabiliser d'autres hormones comme l'insuline et les hormones thyroïdiennes.

Comment optimiser la production de mélatonine ?

Éviter les écrans le soir : la lumière bleue bloque la production de mélatonine.

Consommer des aliments riches en tryptophane : cet acide aminé favorise la production de sérotonine, précurseur de la mélatonine (bananes, noix, dinde).

Se coucher à heures fixes : un rythme régulier stabilise les hormones du sommeil.

Tout comme avec mon cycle, ma bague connectée m'aide à suivre la qualité de mon sommeil, les pics de stress dans ma journée et ainsi faire les ajustements nécessaires quand c'est possible.

DESSERTS ET ENCAS SUCRÉS

CARROT CAKE SANS GLUTEN NI LACTOSE

Pour 4 à 6 personnes

Ce gâteau a une place particulière dans mon cœur : c'était notre gâteau de mariage. J'ai toujours adoré le carrot cake pour sa texture moelleuse, ses épices douces et son côté réconfortant. Il y a 13 ans, c'était quasiment introuvable en France. J'avais fait appel à une pâtissière américaine installée à Paris et qui avait accepté de me livrer le gâteau à Reims le matin de notre mariage (pour une petite fortune mais je tenais tellement à ce gâteau, je n'aime pas les pyramides de choux !). Je voulais une version digeste, sans gluten ni lactose, que tout le monde puisse apprécier. Cette recette est devenue un incontournable à la maison. Mes enfants adorent ça également ! Elle est gourmande sans excès, naturellement sucrée, pleine de fibres, de bons gras et de douceur. Et à chaque bouchée, elle me ramène à ce moment si joyeux que j'ai eu envie de partager ici aussi.

- Préchauffer le four à 180 °C.
- Dans un grand bol, mélanger les ingrédients secs : farine, poudre d'amande, levure, bicarbonate, épices et sel.
- Dans un autre bol, battre les œufs avec l'huile, le sucre, la vanille. Ajouter les carottes râpées.
- Incorporer les ingrédients secs aux ingrédients humides. Ajouter les noix si utilisées.
- Verser la pâte dans un moule à cake ou à gâteau chemisé. Cuire 35 à 40 minutes (vérifier la cuisson avec la pointe d'un couteau).
- Pendant que le gâteau cuit, mélanger tous les ingrédients du glaçage dans un petit bol jusqu'à obtention d'une consistance lisse et crémeuse.
- Goûter et ajuster en sucrant ou en acidifiant.
- Réserver au frais 15 à 30 minutes avant d'étaler sur le gâteau bien refroidi.
- Parsemer de noix et de carottes râpées pour la décoration !

L'astuce

Pour apporter un peu d'humidité supplémentaire, vous pouvez ajouter 2 à 3 c. à soupe de jus d'orange frais. Attention à réduire légèrement le sucre (sirop d'érable ou sucre de coco) pour équilibrer.

Ingrédients

150 g de farine de riz ou de sarrasin
50 g de poudre d'amande
2 c. à café de levure sans gluten
1 c. à café de bicarbonate de soude
1 c. à café de cannelle
1/2 c. à café de gingembre moulu
1 pincée de sel
3 œufs
60 ml d'huile d'olive ou de coco fondue
100 g de compote de pommes (ou 1 yaourt végétal)
100 g de sucre de coco ou de sirop d'érable
200 g de carottes râpées
40 g de noix concassées (optionnel)
1 c. à café d'extrait de vanille

Pour le glaçage

150 g de yaourt végétal épais nature (type coco ou soja non sucré)
2 à 3 c. à soupe de purée de noix de cajou (ou d'amande blanche pour une version plus neutre)
1 à 2 c. à soupe de sirop d'érable ou de miel (selon le goût)
1 c. à café de jus de citron
1/2 c. à café d'extrait de vanille (optionnel)
1 pincée de sel

BROWNIES À LA PATATE DOUCE

Pour 4 personnes

Ces brownies sont pour moi la meilleure alternative aux versions industrielles : ultra-fondants, riches en goût, mais sans farine ni sucre raffiné. La patate douce, bien cuite et mixée, apporte une texture dense et moelleuse – et ce qui me plaît le plus, c'est qu'on ne la sent absolument pas. Personne ne devine ce qu'il y a dedans ! C'est une recette parfaite pour le goûter, quand vous avez envie de quelque chose de gourmand et vraiment nourrissant, riche en fibres, en antioxydants et en bons glucides. Réconfortant et 100 % fonctionnel.

Ingrédients

300 g de patate douce cuite (à la vapeur ou au four)
100 g de chocolat noir (70 % minimum)
40 g de poudre d'amande
40 g de farine de riz ou de sarrasin
2 œufs
2 c. à soupe d'huile de coco fondue ou 1 petite banane bien mûre écrasée
3 c. à soupe de sirop d'érable
1 c. à soupe de cacao en poudre non sucré
1 c. à café d'extrait de vanille
1 c. à café de poudre à lever ou de bicarbonate (optionnel pour plus de légèreté)
1 pincée de sel

- Préchauffer le four à 180 °C.
- Faire fondre le chocolat au bain-marie.
- Mixer la patate douce cuite avec les œufs, le sirop d'érable et la vanille jusqu'à obtention d'une texture lisse.
- Ajouter le chocolat fondu, la poudre d'amande, la farine, le cacao, le sel et la levure. Mélanger ou mixer à nouveau.
- Verser la pâte dans un moule carré chemisé de papier cuisson.
- Enfourner pour 25 à 30 minutes, selon la texture souhaitée (plus ou moins fondant).
- Laisser refroidir avant de découper.

PETITS MUFFINS FAÇON BANANA BREAD

Pour 4 personnes (environ 8 muffins)

Si vous appréciez le banana bread, vous allez aussi aimer cette version plus pratique à emporter, à glisser dans une lunchbox ou à servir au goûter. C'est la même base moelleuse et parfumée, mais en format individuel, parfait pour les enfants comme pour moi. Ces muffins sont sans gluten, sans lactose, naturellement sucrés à la banane, et riches en fibres et bons gras. Je les prépare souvent en début de semaine, et ils se conservent très bien. Cela donne des muffins moelleux, équilibrés et naturellement sucrés, sans effet de pic glycémique.

Ingrédients

2 bananes bien mûres
2 œufs
60 g de poudre d'amande
60 g de farine de riz ou de sarrasin
1 c. à café de poudre à lever sans gluten
1/2 c. à café de cannelle
1 pincée de sel
2 c. à soupe d'huile d'olive ou de coco fondue
1 c. à soupe de sirop d'érable (optionnel)
Pépites de chocolat noir, noix concassées ou graines (optionnel)

- Préchauffer le four à 180 °C.
- Écraser les bananes dans un saladier. Ajouter les œufs, l'huile, le sirop d'érable, bien mélanger.
- Ajouter la poudre d'amande, la farine, la levure, la cannelle et le sel. Mélanger jusqu'à obtention d'une pâte homogène.
- Ajouter les pépites de chocolat, noix ou graines si désiré.
- Répartir la pâte dans des moules à muffins huilés ou chemisés.
- Cuire 20 à 25 minutes jusqu'à ce qu'ils soient bien dorés et gonflés.
- Laisser refroidir avant de démouler.

GÂTEAU PROTÉINÉ CHOCOLAT ET HARICOTS ROUGES

Pour 4 à 6 personnes

Ce gâteau fait toujours son petit effet : ultra-fondant, intense en chocolat. Personne ne devine qu'il contient... des haricots rouges. Même les enfants l'adorent, sans soupçonner l'ingrédient « secret ». Je l'ai testé un jour par curiosité et depuis, je le refais régulièrement. Il est riche en protéines végétales, sans gluten, sans farine, et parfait pour un goûter nourrissant ou un dessert léger mais satisfaisant. C'est le genre de recette qui me fait sourire : gourmande, saine et maligne à la fois, exactement ce que j'ai envie de transmettre ici.

Ingrédients

250 g de haricots rouges cuits (rincés et égouttés)
2 œufs
100 g de compote de pommes (ou 1 banane mûre écrasée)
2 c. à soupe d'huile de coco fondue ou de purée d'oléagineux
100 à 120 g de chocolat noir fondu (70 % minimum)
2 c. à soupe de cacao en poudre non sucré
2 à 3 c. à soupe de sirop d'érable
1 c. à café d'extrait de vanille
1 c. à café de poudre à lever ou bicarbonate
1 pincée de sel

- Préchauffer le four à 180 °C.
- Faire fondre le chocolat noir au bain-marie.
- Dans un blender, mixer les haricots rouges avec les œufs, le sirop d'érable, la vanille et l'huile de coco (si utilisée) jusqu'à obtention d'une pâte lisse.
- Ajouter le chocolat fondu, le cacao, la poudre à lever et le sel. Mixer à nouveau.
- Verser la pâte dans un moule carré ou rond chemisé.
- Cuire 20 à 25 minutes, jusqu'à ce que le centre soit juste pris (ne pas trop cuire pour conserver le fondant).
- Laisser refroidir avant de découper.

L'avis de la nutritionniste

Les haricots rouges, riches en protéines végétales, fibres et minéraux, remplacent ici la farine pour une texture dense et fondante, tout en améliorant la digestion, la satiété et la stabilité de la glycémie.

DATTES FOURRÉES SÉSAME ET CHOCOLAT NOIR

Pour 4 personnes (8 à 10 dattes selon la taille)

Quand je travaille chez moi, j'ai tendance à avoir plus envie de manger entre les repas. J'essaie donc de faire en sorte d'avoir des petites choses sympas à me mettre sous la dent pour éviter de me jeter sur n'importe quoi. Ces dattes fourrées sont typiquement le genre de collation que je prépare en quelques minutes quand j'ai envie de quelque chose de sucré, gourmand et vraiment nourrissant. J'adore les dattes medjool, naturellement fondantes et riches en minéraux. Avec le chocolat noir, le sésame et la fleur de sel, le mélange des textures et des saveurs est juste parfait. Ça me permet de satisfaire une envie de sucré sans basculer dans le grignotage. C'est un snack à la fois antioxydant, énergétique et simple et qui peut se garder jusqu'à 5 jours au frigo (mais qui disparaît en général bien avant car ultra-addictif !).

Ingrédients

8 à 10 dattes medjool
Purée de sésame 1/2 complet
50 g de chocolat noir à 80 % minimum
1 c. à café d'huile de coco
50 g de pistaches non salées (concassées grossièrement)
Fleur de sel (optionnel)

- Ouvrir délicatement les dattes en deux (sans les séparer complètement) et retirer le noyau.
- Remplir chaque datte d'1 c. à café de purée de sésame, en tassant légèrement.
- Faire fondre le chocolat noir avec l'huile de coco au bain-marie ou à feu doux.
- Tremper chaque datte farcie à moitié dans le chocolat fondu, puis la déposer sur une assiette recouverte de papier cuisson.
- Ajouter des pistaches concassées et saupoudrer d'un peu de fleur de sel si souhaité.
- Placer au réfrigérateur pendant 20 minutes pour faire durcir le chocolat.

L'avis de la nutritionniste

Ces bouchées sont à la fois énergisantes, riches en antioxydants et naturellement sucrées, idéales pour une collation saine et satisfaisante. Les dattes, riches en fibres, potassium et magnésium, apportent un regain d'énergie sans pic glycémique brutal. Les pistaches, sources de bons gras et de protéines végétales, améliorent la satiété, la santé du cœur et de la peau. Le chocolat noir, riche en polyphénols, protège les cellules du stress oxydatif et stimule la concentration. Une collation parfaite pour l'équilibre hormonal, la vitalité et la beauté de la peau.

ENERGY BALLS PROTÉINÉES

Pour 8 à 10 energy balls

Ces petites bouchées sont devenues un vrai classique dans ma cuisine. Je les prépare en 5 minutes, sans cuisson, et je les garde toujours au frais pour un snack pratique, rassasiant et bon pour l'énergie. J'adore leur texture fondante, le goût des oléagineux, des dattes et du cacao, et surtout leur efficacité : elles équilibrent la glycémie, évitent les fringales et nourrissent sans alourdir. Je les emporte partout : au bureau, en voyage, pour la récupération post-entraînement... C'est ma version maison des barres protéinées, en mieux.

Ingrédients

100 g de dattes medjool dénoyautées
50 g d'amandes ou de noix de cajou
30 g de flocons de sarrasin ou de quinoa
2 c. à soupe de beurre d'amande ou de cacahuète
1 c. à soupe de graines de chia ou de lin moulues
1 dose (env. 20 g) de protéines végétales en poudre OU 1 dose de collagène Cacao Glow AIME (optionnel)
1 c. à soupe de cacao cru ou de poudre de caroube (optionnel)
1 pincée de sel
1 à 2 c. à soupe d'eau si besoin pour lier

- Mixer les amandes avec les flocons jusqu'à obtenir une texture sableuse.
- Ajouter les dattes, les protéines, les graines, le beurre d'oléagineux, le cacao et le sel. Mixer jusqu'à obtenir une pâte homogène.
- Ajouter un peu d'eau si la pâte est trop sèche.
- Former des boules avec les mains.
- Conserver au réfrigérateur dans une boîte hermétique jusqu'à 5 jours.

L'avis de la nutritionniste

Ces energy balls sont une collation idéale pour l'endurance, la récupération musculaire et la beauté de la peau. Riches en protéines végétales, fibres et bons gras, elles apportent un sentiment de satiété, stabilisent la glycémie et donnent de la vitalité mentale. Les dattes fournissent de l'énergie naturelle, les protéines végétales aident à la régénération musculaire, et les oléagineux améliorent la production de collagène et la santé hormonale. Une collation complète, nomade et ultra-gourmande.

COOKIES AVOINE, CHOCOLAT NOIR ET TAHINI

Pour 8 à 10 petits cookies

J'ai une grande passion pour les cookies. Mais pas n'importe lesquels. J'aime les cookies un peu *goey* comme disent les anglais. Dès que je suis à Londres je vais chez Watchouse prendre un thé et un cookie tahini au chocolat. Quand j'ai découvert ce mélange de saveurs, je savais qu'il fallait que je fasse ma version maison sans gluten ni sucres raffinés. L'association avoine, tahini et chocolat noir fonctionne à merveille : à la fois gourmande, réconfortante et nourrissante, sans être trop sucrée. Le tahini apporte une touche originale, presque salée, qui équilibre parfaitement le chocolat. Les enfants adorent ! Ce sont mes cookies « plaisir intelligent » : riches en fibres, en bons gras et en goût – et c'est toujours un succès quand je les sers.

• Préchauffer le four à 180 °C.
• Dans un saladier, mélanger le tahini, le sirop d'érable, l'œuf (ou le mélange chia + eau), et la vanille.
• Ajouter les flocons, la poudre d'amande, le bicarbonate et le sel. Mélanger jusqu'à obtenir une pâte homogène.
• Incorporer les morceaux de chocolat.
• Former des boules de pâte et les aplatir légèrement sur une plaque recouverte de papier cuisson.
• Cuire environ 12 à 14 minutes, jusqu'à ce que les bords soient dorés.
• Laisser refroidir avant de manipuler : ils durcissent légèrement en refroidissant.

Ingrédients
120 g de flocons d'avoine sans gluten
80 g de poudre d'amande
60 g de tahini (purée de sésame)
60 g de sirop d'érable
1 œuf (ou 1 c. à soupe de graines de chia + 3 c. à soupe d'eau pour une version vegan)
1/2 c. à café de bicarbonate de soude
1 c. à café d'extrait de vanille
60 g de chocolat noir concassé
1 pincée de sel

MENDIANTS CHOCOLAT NOIR ET NOIX DU BRÉSIL

Pour environ 10 mendiants

J'adore faire ces mendiants maison quand j'ai envie d'un chocolat croquant, intense, mais avec un vrai plus nutritionnel. Les noix du Brésil sont l'une des meilleures sources naturelles de sélénium, un oligo-élément essentiel pour la santé hormonale, la peau et l'immunité. Depuis que l'on m'a diagnostiqué un dérèglement de la thyroïde, je fais en sorte de manger deux noix du brésil chaque jour. Très riches en sélénium, elles améliorent la santé hormonale. Associées au chocolat noir riche en antioxydants, elles forment un duo à la fois gourmand et intelligent. Ces mendiants se préparent en quelques minutes, vous pouvez ensuite les garder au congélateur : ils sont prêts dès que vous avez envie d'un petit plaisir sain – c'est ma version maison du snack antioxydant parfait. Vous pouvez bien évidemment juste prendre un carré de chocolat noir et deux noix du brésil, mais il y a quelque chose de très satisfaisant à faire ses propres chocolats !

- Faire fondre le chocolat noir au bain-marie ou à feu très doux.
- Pendant ce temps, concasser grossièrement les noix du Brésil.
- À l'aide d'une cuillère à soupe, verser le chocolat fondu en petits tas sur une plaque recouverte de papier cuisson.
- Répartir les morceaux de noix du Brésil sur le dessus.
- Ajouter éventuellement une pincée de fleur de sel pour rehausser les arômes.
- Placer au réfrigérateur au moins 1 heure pour faire durcir.

Ingrédients

150 g de chocolat noir (80 % minimum)
8 à 10 noix du Brésil
1 pincée de fleur de sel (optionnel)

L'astuce

Pour varier le topping, vous pouvez également remplacer les noix du Brésil par des amandes (entières ou effilées), des pistaches concassées, des noix ou noix de cajou, des cranberries sechées, des baies de goji séchées, des graines de courge (pour apporter du croquant et de la couleur), ainsi que de zestes d'orange ou de citron finement râpés.

COOKIES EXPRESS BANANES ET CHOCOLAT NOIR

Pour 4 à 6 personnes

C'est la recette que je fais quand j'ai une banane bien mûre à utiliser (saviez-vous que la banane mûre est riche en potassium, fibres et prébiotiques ?) et une envie de douceur sans trop réfléchir. Ces cookies se préparent en 5 minutes, avec très peu d'ingrédients, et ils sont toujours un succès à la maison. J'adore leur texture moelleuse, la douceur naturelle de la banane, et les éclats de chocolat noir qui fondent juste ce qu'il faut. Une collation rassasiante, saine et gourmande, parfaite pour calmer les envies sucrées sans culpabilité.

Ingrédients

2 bananes bien mûres
100 g de flocons d'avoine sans gluten
50 g de chocolat noir (70 % minimum), coupé en pépites
1 pincée de cannelle (optionnel)
1 pincée de sel

- Préchauffer le four à 180 °C.
- Écraser les bananes dans un bol jusqu'à obtenir une purée.
- Ajouter les flocons d'avoine, le sel, la cannelle et les pépites de chocolat.
- Mélanger jusqu'à obtenir une pâte homogène.
- Former des petits tas sur une plaque recouverte de papier cuisson et aplatir légèrement.
- Cuire 12 à 15 minutes jusqu'à ce que les bords soient dorés.
- Laisser tiédir avant de déguster.

L'avis de la nutritionniste

Sans sucre ajouté, riches en fibres, magnésium et glucides naturels, ces cookies apportent une glycémie stable, une digestion fluide et un bon niveau d'énergie. Une recette express, idéale pour petits et grands.

CRÈME CHOCOLAT NOIR (2 INGRÉDIENTS)

Pour 4 personnes

C'est mon mari qui a découvert cette recette sur les réseaux sociaux et depuis c'est devenu un incontournable que l'on fait hyper souvent. Je prends rarement un dessert (je suis plus salé que sucré !) mais quand il y a cette crème dans le frigo, j'avoue que je ne résiste pas très longtemps. Juste du chocolat noir fondu et du tofu soyeux, mixés ensemble jusqu'à obtenir une crème lisse et fondante. C'est bluffant de simplicité et pourtant tellement bon. Cette crème est la preuve que l'on peut faire simple, sain et délicieux avec deux ingrédients seulement. Riche en protéines, en magnésium et en antioxydants, elle a tout bon. Et si vous recevez, servez-la avec un petit filet d'huile d'olive, de la fleur de sel et des noisettes... un régal !

Ingrédients

400 g de tofu soyeux

150 g de chocolat noir (70 % minimum)

- Faire fondre le chocolat au bain-marie ou à feu doux.
- Mixer le tofu soyeux dans un blender ou au mixeur plongeant jusqu'à obtenir une texture lisse.
- Ajouter le chocolat fondu et mixer de nouveau pour obtenir une crème homogène.
- Répartir dans 4 ramequins et placer au frais au moins 1 heure avant de servir.

BOUCHÉES MATCHA ANTIOXYDANTES

Pour 10 à 12 bouchées

Ces petites bouchées sont nées de mon envie de créer un snack à la fois énergisant, gourmand et bon pour la peau. Le matcha, que j'adore utiliser pour ses propriétés antioxydantes, apporte une touche végétale subtile, équilibrée par la douceur des dattes et le fondant des oléagineux. C'est le genre de recette que je prépare à l'avance, que je garde au frais, et que je savoure en milieu d'après-midi quand j'ai besoin d'un petit boost. Elles sont sans sucre raffiné, riches en bons gras et très simples à faire – tout ce que j'aime dans un encas bien-être.

Ingrédients

100 g de dattes medjool dénoyautées
60 g d'amandes ou de noix de cajou
2 c. à soupe de noix de coco râpée
1 c. à soupe de graines de chanvre ou de chia
1 c. à soupe de purée d'amande ou de cajou
1 c. à café bombée de matcha en poudre ou de Collagène Matcha Glow AIME
1 pincée de sel
1 à 2 c. à soupe d'eau si besoin

- Mixer les oléagineux jusqu'à obtention d'une texture sableuse.
- Ajouter les dattes, la purée d'amande, les graines, le matcha et le sel. Mixer jusqu'à obtention d'une pâte homogène.
- Ajouter un peu d'eau si la pâte est trop sèche.
- Former des petites boules à la main.
- Rouler dans un peu de noix de coco râpée ou de matcha pour la finition (optionnel).
- Conserver au réfrigérateur dans une boîte hermétique jusqu'à 5 jours.

TRUFFES PROTÉINÉES CHOCOLAT NOIR ET BEURRE DE CACAHUÈTE

Pour 4 personnes (environ 10 truffes)

Je cherche toujours à consommer un maximum de protéines et les petits snacks sont un moyen supplémentaire d'atteindre mon quota quotidien. J'adore le mélange du chocolat noir intense et du beurre de cacahuète, qui donne une texture fondante et une vraie sensation de satiété. Ces truffes sont riches en bons gras, en protéines, et très simples à préparer. Je vous conseille de les garder au frais ou au congélateur et de piocher dedans quand vous avez besoin d'un snack rapide ou d'un carré de douceur. Le beurre de cacahuète apporte satiété, équilibre glycémique et énergie mentale. Il peut être inflammatoire, donc n'en abusez pas ! C'est une recette que vous pouvez préparer le dimanche, pour avoir quelque chose de sain et gourmand sous la main toute la semaine.

Ingrédients

100 g de dattes medjool dénoyautées
60 g de beurre de cacahuète 100 %
1 dose (20-25 g) de protéines végétales (nature, vanille ou chocolat)
2 c. à soupe de cacao cru ou de poudre de cacao non sucré
1 pincée de sel
1 à 2 c. à soupe d'eau si besoin
Cacao, graines de chia, noix de coco râpée... pour l'enrobage (optionnel)

- Mixer tous les ingrédients dans un robot jusqu'à obtenir une pâte souple et collante.
- Ajuster la texture avec un peu d'eau si nécessaire.
- Former des boules avec les mains et rouler dans l'enrobage choisi.
- Réserver au frais au moins 30 minutes avant de déguster.

AU-DELÀ DE L'ASSIETTE

Bien vieillir ne se résume pas seulement à ce que nous mangeons. Si l'alimentation joue un rôle fondamental dans notre santé et notre longévité, d'autres piliers sont tout aussi essentiels : l'activité physique, l'hydratation, la gestion du stress et le sommeil. L'ensemble de ces facteurs forme un écosystème qui influence notre énergie, notre métabolisme et notre bien-être sur le long terme. Ce chapitre est là pour vous aider à penser votre mode de vie comme un tout cohérent.

Créer une routine durable, c'est choisir un cap, poser une intention claire, et avancer pas à pas vers une version de soi-même plus alignée, plus énergique et plus sereine.

Le bien vieillir ne se joue pas dans l'obsession de la jeunesse, mais dans la qualité de notre présence à nous-mêmes, dans la manière dont on prend soin de notre corps... chaque jour.

L'importance du mouvement pour bien vieillir

L'activité physique est sans doute l'un des leviers les plus puissants (et les plus sous-estimés) pour ralentir le vieillissement, préserver la masse musculaire et prévenir les maladies chroniques. Elle a des effets directs sur l'inflammation, l'équilibre hormonal, le sommeil, la digestion, la santé mentale, la densité osseuse... bref, sur tout ce qui fait que l'on se sent bien dans son corps, à tous les âges de la vie.

POURQUOI BOUGER EST ESSENTIEL

Préserver la masse musculaire : avec l'âge, nous perdons naturellement du muscle (sarcopénie), ce qui ralentit le métabolisme et augmente le risque de blessures.

Stimuler le métabolisme : l'exercice régulier favorise une meilleure gestion du glucose et réduit l'inflammation chronique.

Maintenir la santé osseuse : le renforcement musculaire améliore la densité osseuse et prévient l'ostéoporose.

Favoriser une meilleure posture et un bon équilibre : essentiel pour éviter les douleurs et préserver la mobilité.

Booster la production d'endorphines : indispensables pour réguler l'humeur et limiter le stress.

Pendant longtemps, je ne me suis pas considérée comme une personne « sportive ». L'activité physique était pour moi une contrainte, un truc en plus, une case à cocher – ou à éviter. J'avais associé le sport à une forme de performance ou de punition, et je ne le vivais pas comme un outil de bien-être.

C'est en comprenant son rôle dans la longévité, la régulation hormonale et le maintien d'un corps fort et résilient, que j'ai commencé à changer de regard. Et surtout, en trouvant la méthode et le rythme qui me conviennent, j'ai intégré peu à peu le mouvement dans mon quotidien, à ma façon. Sans pression, mais avec régularité et plaisir !

> Aujourd'hui, le mouvement est devenu un axe central de ma routine bien-être, tout autant que l'alimentation ou le sommeil.

J'ai découvert le plaisir de sentir mon corps fort, ancré, vivant. Et j'ai aussi compris l'importance de préserver (et même construire) ma masse musculaire pour bien vieillir.

POURQUOI LA MASSE MUSCULAIRE EST SI PRÉCIEUSE

À partir de 30 ans, nous perdons progressivement de la masse musculaire si nous ne l'entretenons pas. Et cette fonte musculaire (appelée sarcopénie) a des conséquences profondes sur la santé globale : moins de force, de mobilité, un métabolisme moins actif, et un risque plus élevé de blessures ou de pathologies liées à l'âge. Construire et maintenir du muscle, c'est se créer une réserve de longévité. C'est protéger son indépendance, son énergie et sa vitalité future.

Cela ne signifie pas soulever des poids comme une athlète, mais intégrer dans sa semaine des mouvements de résistance, du renforcement musculaire, du gainage, du port de charge – adaptés à son niveau, mais réguliers. Et manger une quantité suffisante de protéines (du petit-déjeuner au dîner, il y a plein de recettes protéinées dans ce livre !).

QUELS TYPES D'EXERCICES PRIVILÉGIER

Dans un monde où nous passons de plus en plus de temps assis, il est parfois difficile d'intégrer le mouvement à notre quotidien. L'idéal est d'adopter une routine variée qui combine plusieurs formes d'activités.

1 LE RENFORCEMENT MUSCULAIRE

À pratiquer 2 à 3 fois par semaine, avec des exercices de poids du corps (squats, pompes, gainage) ou des charges modérées. — *Favorise le maintien de la masse musculaire et la prévention des douleurs articulaires.*

2 LES EXERCICES CARDIOVASCULAIRES

Marche rapide, natation, vélo ou course légère : l'objectif est de stimuler le système cardiovasculaire sans excès. — *30 minutes d'activité modérée par jour suffisent à faire une différence.*

3 LES PRATIQUES DOUCES ET LE TRAVAIL DE MOBILITÉ

Yoga, pilates, stretching : ces disciplines améliorent la souplesse, la posture et réduisent le stress. — *10 à 15 minutes par jour peuvent suffire à détendre le corps et l'esprit.*

4 L'ACTIVITÉ PHYSIQUE AU QUOTIDIEN

Marcher dès que possible, prendre les escaliers, jardiner : chaque mouvement compte.

DU MOUVEMENT DANS LA VRAIE VIE

On associe souvent l'activité physique au « sport » au sens strict : salle de sport, performance, transpi. Mais la vraie clé, c'est de repenser notre quotidien comme un espace de mouvement, et non comme une série de moments assis. Au quotidien, c'est tout simplement marcher pour aller chercher ses enfants, prendre les escaliers, mettre une alarme pour se lever toutes les heures, s'étirer entre deux appels, danser avec ses enfants. C'est ça aussi, le mouvement vivant !

En avançant en âge, on ne cherche plus à performer. On cherche à se maintenir en mouvement, en énergie, en confiance. Et cela passe par une routine d'activité physique consciente, réaliste et alignée avec qui l'on est.

> Le mouvement est l'un des plus beaux cadeaux que l'on peut faire à son corps pour l'avenir. Alors autant l'ancrer dans le présent.

MON APPROCHE PERSONNELLE AUJOURD'HUI

Je fais du sport pour me sentir bien dans ce corps qui me porte tous les jours. Ma pratique n'est pas toujours la même d'une semaine à l'autre. Mais j'essaie de respecter un équilibre entre régularité et adaptabilité.

2 à 3 séances de renforcement musculaire par semaine (chez moi, avec des poids ou au poids du corps). Je suis les cours en ligne de Lia Bartha, Fit With Coco et Gemma Folkard.

De la marche quotidienne : quand je suis à Paris, je ne prends jamais de taxi, je privilégie la marche et le métro.

1 à 2 cours de Lagree par semaine. Un entraînement complet et intense que je fais chez Kore à Paris. Inspirée du pilates, cette méthode combine renforcement musculaire, cardio et endurance sur une machine appelée Megaformer, pour des résultats profonds et durables sans impact sur les articulations.

L'hydratation, clé du bien-être et de la longévité

Nous sous-estimons souvent l'impact de l'hydratation sur notre santé. Pourtant, chaque cellule de notre corps a besoin d'eau pour fonctionner de manière optimale.

POURQUOI BIEN S'HYDRATER

Éliminer les toxines et réduire l'inflammation.

Améliorer la digestion et la santé intestinale.
Hydrater la peau de l'intérieur et préserver son élasticité.

Favoriser la concentration et réduire la fatigue.

COMMENT OPTIMISER SON HYDRATATION

Boire entre 1,5 et 2 litres d'eau par jour, en privilégiant l'eau plate ou infusée avec du citron, des herbes ou du gingembre.

Limiter les boissons sucrées et l'alcool, qui déshydratent l'organisme.

Consommer des aliments riches en eau, comme les concombres, pastèques, courgettes et oranges.

Ne pas attendre d'avoir soif : la sensation de soif est un signal tardif de déshydratation.

Booster son eau : j'aime bien ajouter des électrolytes dans ma gourde (j'utilise nos sticks hydratation AIME). Ce sont des minéraux essentiels (comme le sodium, le potassium, le magnésium et le calcium) qui jouent un rôle-clé dans l'hydratation, l'équilibre des fluides, la contraction musculaire et la transmission des signaux nerveux. Un bon équilibre en électrolytes est indispensable au fonctionnement optimal du corps, notamment en cas de chaleur, d'effort physique ou de fatigue.

La gestion du stress, un pilier souvent sous-estimé

On parle souvent d'alimentation et d'activité physique quand on aborde le bien vieillir, mais on oublie trop souvent un facteur central : le stress chronique. C'est pourtant l'un des grands accélérateurs du vieillissement, silencieux mais puissant. Il augmente l'inflammation, perturbe profondément les équilibres hormonaux, augmente la production de cortisol (favorisant la prise de poids et la rétention d'eau), altère la qualité du sommeil, déséquilibre la glycémie (et peut entraîner des fringales incontrôlées), épuise les glandes surrénales, et affaiblit notre système immunitaire. Je l'ai appris à mes dépens l'année dernière.

Comme beaucoup de femmes, j'ai longtemps tenu bon en mode « haute performance », en enchaînant les journées pleines, les to-do lists, les projets, les sollicitations, sans vraiment m'arrêter. Jusqu'au jour où, l'année dernière, mon corps a dit stop. J'ai commencé à ressentir une fatigue inexpliquée, des réveils en plein milieu de la nuit avec le cœur qui bat, une impression d'être en tension constante, même dans les moments calmes, un épuisement total, je pleurais tous les jours, je n'avais plus envie de rien faire.

Les analyses ont confirmé un pic de cortisol, des glandes surrénales épuisées, des signaux physiologiques clairs de surcharge. « Un pied dans le burnout », comme m'a dit mon médecin.

C'est cet épisode qui m'a obligée à changer de perspective. À comprendre que le stress n'était pas seulement mental, mais qu'il avait un impact biologique profond. Et que pour bien vieillir, il ne suffisait pas de bien manger ou de faire du sport : il fallait aussi apprendre à calmer le système nerveux, à créer de l'espace, à ralentir vraiment.

La gestion du stress n'est pas une case à cocher. C'est un entraînement à l'écoute de soi, une pratique quotidienne, souvent invisible, mais tellement puissante.

Bien vieillir, ce n'est pas simplement ajouter de bonnes choses à sa vie. C'est aussi apprendre à enlever ce qui nous épuise. Le stress chronique fait partie de ces poids que l'on peut alléger, un peu plus chaque jour, avec des outils simples et accessibles.

LES PRATIQUES ANTI-STRESS À INTÉGRER DANS SON QUOTIDIEN

La respiration profonde et la cohérence cardiaque : une technique simple pour apaiser le système nerveux : 5 secondes d'inspiration, 5 secondes d'expiration, pendant 5 minutes.

La méditation et la pleine conscience : quelques minutes par jour suffisent à réduire le niveau de stress et améliorer la concentration. Il y a des applis bien faites qui peuvent aider.

L'exposition à la nature : passer du temps dehors, marcher en forêt ou près de l'eau a des effets prouvés sur la réduction du stress. Un week-end près de la mer et je me sens complètement rechargée.

Les rituels bien-être : un bain chaud, une tisane, un massage, une routine de soins, écouter un podcast avec un masque LED, autant de petits gestes qui favorisent la détente.

Prendre des pauses régulières : loin des écrans, même de 5 minutes.

Bouger : marcher, s'étirer, danser...

Apprendre à dire non : refuser un engagement, un dîner, réorganiser son emploi du temps...

Oser ne rien faire : sans culpabilité. Une des choses les plus dures pour moi !

Le pouvoir de la routine

Bien vieillir ne se joue pas à un moment-clé de la vie, ni à travers un produit miracle ou un changement radical. C'est le fruit de microdécisions répétées, d'une routine construite avec constance, bon sens et bienveillance. Adopter un mode de vie sain ne devrait pas être une injonction ou une contrainte, mais une démarche progressive, adaptée à son rythme de vie, à ses saisons, à ses besoins. J'en parlais déjà dans mon premier livre : j'aime la routine. L'important étant de trouver la routine qui vous convient.

> Plutôt que de chercher à tout transformer d'un coup, il est plus réaliste – et surtout plus efficace – d'instaurer des habitudes simples, cohérentes et durables.

L'effet cumulé des petites actions quotidiennes est souvent sous-estimé. Il est plus efficace de manger équilibré 80 % du temps, de bouger un peu chaque jour, de dormir suffisamment, que de faire des efforts ponctuels mais extrêmes. C'est la régularité qui crée la stabilité métabolique, hormonale et émotionnelle. D'où l'importance d'une routine qui vous convienne !

Une routine ne doit pas ressembler à un programme parfait sur le papier, mais impossible à tenir dans la vraie vie. Elle doit s'adapter à votre quotidien, à vos contraintes, à votre environnement. L'idée est de poser des repères stables, sans rigidité, pour créer une base qui entretienne votre vitalité. Libre à vous de l'adapter selon votre rythme et vos besoins.

EXEMPLE DE ROUTINE ALIMENTAIRE SUR UNE JOURNÉE

Matin
- Un petit-déjeuner riche en protéines et en bons gras (pour stabiliser la glycémie)
- 30 à 45 minutes de mouvement

Midi
- Un déjeuner anti-inflammatoire (protéines + légumes + bons gras + fibres)
- Si possible, une courte marche digestive ou une vraie pause sans écran

Soir
- Un dîner plus léger, facile à digérer
- Une routine calme : lecture, bain, masque LED...
- Éviter les écrans au moins 1 heure avant le coucher (je sais, plus facile à dire qu'à faire !)

Le conseil

Fixer 2 à 3 piliers non négociables par jour (par exemple : bien m'hydrater, marcher au moins 20 minutes, manger un repas anti-inflammatoire). Ce sont vos fondations.

Intégrer la notion de plaisir (et arrêter de culpabiliser)

Dans notre culture, héritée en partie d'une éducation judéo-chrétienne, le plaisir a longtemps été associé à la faute, à l'excès, voire à la honte. On valorise la maîtrise, le contrôle, le sacrifice – bien plus que l'écoute de ses envies profondes. Cela laisse des traces dans notre rapport à l'alimentation : on culpabilise de « trop manger », de « se faire plaisir », de « craquer »... comme si la recherche de plaisir était en soi une faiblesse.

> Pour beaucoup, cuisiner « sain », c'était forcément dire non à tout ce qui réconforte. Aujourd'hui, j'espère que ce livre pourra vous aider à comprendre que c'est exactement l'inverse. Car le plaisir est un pilier essentiel de l'équilibre.

Il ne s'agit pas de bannir les aliments réconfortants, mais de reconnaître que le plaisir peut – et doit – coexister avec la santé. On peut (et on doit) retrouver du plaisir dans ce qui nourrit vraiment : les saveurs naturelles, les textures vivantes, les rituels simples, le partage autour de la table, l'intention que l'on met dans ce que l'on prépare. Retrouver du plaisir dans ce qui fait du bien au corps sur le long terme. Réconcilier plaisir et nutrition, c'est sortir du « tout ou rien », et entrer dans une alimentation intuitive, joyeuse, durable. Le plaisir est un vecteur d'adhésion et d'équilibre.

Le plaisir, c'est aussi celui du mouvement, du sommeil, du calme, d'une table bien dressée, d'un dîner partagé.

Le conseil

Au lieu de penser « qu'est-ce que je dois enlever ? », pensez chaque jour à ce que vous pouvez ajouter : plus de légumes colorés, plus de bons gras, plus d'aliments vivants, plus de moments de vraie pause.

BOISSONS

LIMONADE MATCHA ET CITRON HEALTHY

Pour 2 à 4 verres

J'adore les matcha latte mais quand il fait très chaud, je n'ai pas toujours envie d'une boisson lactée. Cette recette est désaltérante et tonique, sans sucre ajouté et riche en antioxydants. J'adore le matcha pour ses bienfaits antioxydants et son effet énergisant tout en douceur, et l'associer au citron frais en fait une boisson à la fois vive, équilibrée et bonne pour la peau. Vous pouvez la préparer le matin, la garder au frais et la siroter tout au long de la journée !

Ingrédients

1 c. à café de matcha ou de Collagène Matcha Glow AIME
2 citrons
500 ml d'eau fraîche (plate ou pétillante selon les envies)
1 à 2 c. à café de sirop de yacon, de sirop de datte ou de purée de poire (optionnel, pour adoucir naturellement)
Glaçons
Feuilles de menthe ou rondelles de citron pour servir

- Délayer le matcha dans un peu d'eau chaude (environ 50 ml), en fouettant énergiquement pour éviter les grumeaux.
- Dans une carafe, mélanger l'eau froide, le jus des citrons, et le matcha dilué.
- Ajouter le sucrant naturel si souhaité, bien mélanger.
- Servir bien frais avec des glaçons, quelques feuilles de menthe et des rondelles de citron.

MON MATCHA LATTE

Pour 1 tasse

Quand j'ai créé AIME, la première boisson beauté collagène que j'ai imaginée est notre Matcha Glow. Grande fan de matcha, j'avais envie de lui associer les propriétés du collagène. C'est encore aujourd'hui un de nos best-sellers. Le matcha est riche en L-théanine, qui aide à calmer le système nerveux tout en maintenant une concentration stable, et en antioxydants protecteurs pour la peau et les cellules. Une très bonne alternative au café !

Ingrédients
1 c. à café rase de matcha ou de Collagène Matcha Glow
60 ml d'eau chaude (mais non bouillante, env. 70 °C)
200 ml de lait végétal (mon préféré est celui de Sproud, un lait végétal à base de pois)
1 c. à café de sirop d'érable, de yacon ou de dattes (optionnel)
1 pincée de vanille en poudre (optionnel)

• Tamiser le matcha dans un bol pour éviter les grumeaux.
• Ajouter l'eau chaude et fouetter avec un fouet à matcha (chasen) ou un petit mousseur jusqu'à obtenir une texture lisse et légèrement mousseuse.
• Faire chauffer doucement le lait végétal (sans le faire bouillir), puis le faire mousser si possible.
• Verser le lait chaud sur le matcha, sucrer légèrement si besoin, ajouter la vanille, et déguster immédiatement.

CUBES ANTI-INFLAMMATOIRES GINGEMBRE ET CITRON

Pour 8 à 10 cubes

J'ai découvert cette idée l'hiver dernier dans un petit café au Grand-Bornand. On m'a servi un shot chaud à base de gingembre frais, citron et curcuma, et j'ai tout de suite adoré le coup de fouet naturel que ça m'a donné. De retour chez moi, j'ai eu envie de reproduire ces petits cubes santé hyper faciles à faire. Il suffit de les congeler et d'en sortir un dès que vous avez besoin d'un petit coup de boost.

- Mixer tous les ingrédients dans un blender jusqu'à obtention d'un mélange bien lisse.
- Filtrer à l'aide d'un tamis fin ou d'une étamine pour retirer les fibres de gingembre ou de curcuma.
- Verser dans un bac à glaçons (de préférence en silicone) pour former des petits cubes à dose unique.
- Placer au congélateur pendant au moins 4 heures.
- Démouler et conserver les cubes dans un sac au congélateur ou laisser dans le bac à glaçons.

Utilisation

- Faire fondre un cube dans de l'eau chaude (ou tiède), ajouter si besoin un filet de miel.

Ingrédients

100 g de gingembre frais (non pelé si bien lavé)
Le jus de 4 citrons
1 c. à soupe de curcuma en poudre (ou 1 petit morceau de curcuma frais)
1 pincée de poivre noir (pour activer le curcuma)
1 c. à soupe de miel (optionnel)
150 à 200 ml d'eau filtrée

KÉFIR D'EAU CITRON ET GINGEMBRE

Pour 1 l environ

Ce kéfir est une boisson vivante, digestive, légèrement pétillante, idéale pour rééquilibrer la flore intestinale, renforcer l'immunité et remplacer les sodas ou les jus sucrés du commerce. Fermentée et riche en probiotiques, elle est excellente pour le microbiome et la digestion.

Ingrédients
1 l d'eau filtrée (non chlorée)
3 c. à soupe de grains de kéfir d'eau
2 c. à soupe de sucre complet ou de sucre de coco (les grains s'en nourrissent, le sucre sera en grande partie consommé)
2 tranches de citron bio (avec la peau)
2 à 3 tranches de gingembre frais
1 figue sèche ou quelques raisins secs (pour activer la fermentation)

- Dans un bocal en verre, mélanger l'eau, le sucre, les grains de kéfir, le citron, le gingembre et la figue sèche.
- Couvrir le bocal d'un linge propre (ou d'un couvercle non hermétique) et laisser fermenter à température ambiante pendant 24 à 48 h.
- Filtrer la boisson pour retirer les grains (à réutiliser) et les solides.
- Verser dans une bouteille en verre et conserver au frais.

Option
- Laisser fermenter une seconde fois 24 h en bouteille fermée pour une boisson plus pétillante.

EAU INFUSÉE CITRON, CONCOMBRE ET MENTHE

Pour 1 carafe d'1 litre

Une boisson détox, hydratante et digestive, parfaite pour stimuler la digestion, drainer en douceur, hydrater en profondeur et apporter une touche de fraîcheur naturelle tout au long de la journée.

Ingrédients

1/2 concombre bio, coupé en fines rondelles
1 citron bio, en rondelles
1 petite poignée de feuilles de menthe fraîche bio
1 l d'eau filtrée ou de source
Glaçons (optionnel)

• Dans une carafe, disposer les rondelles de citron, de concombre et les feuilles de menthe.
• Verser l'eau par-dessus.
• Laisser infuser au réfrigérateur pendant au moins 1 à 2 heures, idéalement toute une nuit pour plus de saveur.
• Servir bien frais, avec ou sans glaçons.

CONCLUSION

J'espère que ce livre vous aura permis de poser des bases solides, mais surtout d'allumer une étincelle : celle d'une nouvelle façon d'habiter votre corps, de le nourrir, de l'écouter, de l'honorer.

L'alimentation est un point d'entrée vers un mieux-être plus global. Elle est essentielle, mais elle ne suffit pas à elle seule. Bien vivre – et bien vieillir – repose sur un équilibre subtil entre ce que l'on mange, ce que l'on ressent, comment on bouge, comment on dort, et surtout : comment on s'écoute.

En tant qu'entrepreneure, j'ai appris très tôt à faire confiance à mon intuition, à suivre ce qui vibrait juste pour moi, même quand cela ne rentrait pas dans les cases. Créer AIME, me former à la nutrition, écrire ce livre... tout cela n'était pas écrit à l'avance. C'est l'écoute, le ressenti, l'envie profonde de sens et de cohérence qui m'ont guidée.

Et je crois profondément que ce chemin intérieur – qui commence par apprendre à se connaître, se comprendre, se respecter – est aussi celui qui permet de mieux entreprendre sa vie, sa santé, son énergie, son équilibre.

Votre corps est votre meilleur allié. Il ne vous parle pas en injonctions, mais en signaux. Il ne cherche pas la perfection, il cherche l'harmonie.

Je n'ai pas écrit ce livre pour vous imposer un modèle, mais pour partager avec vous des repères, des idées, des clés à adapter à votre rythme, à vos saisons, à votre réalité. Chaque personne est unique. Chaque routine doit l'être aussi.

Et si vous ne deviez retenir qu'une seule chose, ce serait celle-ci : vous avez du pouvoir. Beaucoup plus que vous ne le pensez. À chaque repas. À chaque respiration. À chaque écoute intérieure.

Ce livre est une invitation à vous en souvenir. Il ne se referme pas ici – il ouvre peut-être un dialogue, avec vous-même, que je vous souhaite riche, éclairant... et profondément vivant.

Si vous êtes arrivé jusqu'ici, merci. Merci d'avoir pris ce temps pour vous. Merci d'avoir ouvert ce livre avec curiosité, ouverture, et peut-être un peu de fatigue aussi – celle que l'on ressent quand on a tout donné aux autres et que l'on décide enfin de se remettre au centre.

Je ne suis ni chef, ni médecin, ni gourou du bien-être. Je suis une femme comme vous, qui avance, qui apprend, qui tâtonne, qui écoute, qui ajuste. Ce livre est né de cette exploration. Il rassemble ce qui m'a aidée, ce que j'aurais aimé lire plus tôt, ce que je transmets aujourd'hui avec le cœur.

J'espère qu'il vous accompagnera comme une boîte à outils, mais aussi comme une main posée sur l'épaule.

Pas pour vous dire quoi faire.

Mais pour vous rappeler que vous avez déjà tout en vous.

Prenez soin de vous, un jour à la fois.

Mathilde

TABLE DES MATIÈRES

INDEX

BIBLIOGRAPHIE

Younger, Dr Sara Gottfried, Ed. HarperOne, 2017
The Women Code, Dr Alisa Vitti, Ed. HarperOne, 2014
In the Flo, Dr Alisa Vitti, Ed. HarperOne, 2020

PHOTOGRAPHIES
David Japy
STYLISME CULINAIRE
Garlone Bardel
PRÉPARATION DE COPIE ET RELECTURE
Aude Decelle
CONCEPTION DE MAQUETTE ET MISE EN PAGES
Mathilde Dubois

58, rue Jean-Bleuzen, CS 70007,
92178 Vanves Cedex. France

contact@marabout.com
8679058
ISBN 978-2-501-19316-0/ 02
Dépôt légal : Septembre 2025
Achevé d'imprimer en novembre 2025
par Estella en Espagne

PAPIER CERTIFIÉ

MARABOUT
s'engage pour l'environnement en réduisant l'empreinte carbone de ses livres.
Celle de cet exemplaire est de :
2,700 kg éq. CO_2
Rendez-vous sur
www.marabout-durable.fr